なぜ
安室奈美恵は
スーパースター
なのか?

中山マコト
MAKOTO NAKAYAMA

冬至書房

はじめに

1995年、ミニスカートにロングブーツというスタイリッシュなファッションで、本格的なダンスミュージックを踊りながら歌う、それまで見たことのなかった新しいタイプの女性シンガーが大ブレイクを果たしました。

当時18歳だった、歌手・安室奈美恵です。

抜群の歌唱力とダンスの実力でミリオンヒットを連発しただけでなく、常に新しいファッションやメイクを発信する彼女に憧れた女性たちが「アムラー」と呼ばれるなど、社会現象までをも巻き起こしました。

しかし、人気絶頂の20歳で妊娠・結婚し、1年間休業。

するとその1年のうちに、J-POPのトレンドは宇多田ヒカルや浜崎あゆみ、椎名林檎などのシンガーソングライター全盛の時代へと移行。

彼女は復帰後、かつての勢いを取り戻すことができませんでした。

ここで安室奈美恵のストーリーが終わっていたら、彼女は単なる「元スター」でした。

でも彼女は、ここから本当の意味で、スーパースターの階段を上っていきます。

小室プロデュースを離れてセルフプロデュースを始め、「自分がやりたい音楽」を自ら探し始めた安室。シンガーソングライター全盛の時代であっても、彼女は幼い頃から大好きだったダンスミュージックにこだわり続けました。

CDセールスやライブ観客動員数は伸び悩み、もがき苦しんだ時期もあったと言います。きっとそんな当時の彼女を、「過去の人」と笑った人もいたことでしょう。

それでも彼女は、そんな周囲の冷たい目にも逆境にもくじけることなく、「自分がやりたい音楽」を探し続けました。やがて、**彼女の音楽や表現力は見事に昇華し、独自性**

を放つようになります。

新しい安室奈美恵は多くの新たなファンを獲得し、メディアからも再注目されるようになり、20代の終わりにはセカンドブレイクを果たしました。

こうして彼女は、**芸能史上ほかに類を見ないスーパースター**となりました。

そして「引退」という形で、そのサクセスストーリーをドラマチックに完結させます。

この本は、そんな安室奈美恵を研究する本かと言えば、そうではありません。

では、どんな本なのか？

それは**「安室奈美恵の生き方を、あなたの人生や仕事、人間関係に注入する本」**です。

言い換えれば、安室奈美恵の成功エッセンスをあなたに届ける本です。

安室奈美恵の成功エッセンスとは、彼女のビジュアルや音楽活動などの表現面だけでなく、こうした「彼女の生き方」にこそ多く内包されています。

社会現象をも起こした過去の栄光にすがりつくことなく、常にチャレンジをし続け、苦難が立ちはだかっても逃げも言い訳もせずにひたむきに努力して乗り越えていく。

そんな彼女の〝在り方〟にこそ、大成功を収めた真髄が隠されているのではないでしょうか。

ご挨拶をさせてください。中山マコトと申します。

マーケティング、コピープランニングの分野で仕事をしてきました。

著書も40冊を超えます。そして、フリーランスの起業家でもあります。

その起業家としての私の目には、安室奈美恵は、ビジネスの天才にも見えています。

さて、安室奈美恵という稀代のスーパースターが今、そのステージを降りようとしています。止めることもできないし、止めても彼女が振り返ることはないでしょう。

彼女はアーティストであり、シンガーです。

女性であり、妻でもあったし、母でもあります。
そして凄腕のビジネスウーマンでもあります。
実に多様な側面を持っています。

さて、そんな安室奈美恵の何が、どこが、私たちをこれほどまでに惹きつけるのでしょうか？　あれほど、熱狂的なファンを生み出したのでしょうか？

私達、ビジネスに生きる者にも、安室奈美恵は、多くのことを教えてくれます。

そして、人生における本当に多くの素晴らしい気づきを与えてくれます。

もうすぐ、あと少しでその安室奈美恵の生き方に、直接触れることはできなくなります。**安室奈美恵の生き様を目の当たりにすることさえできなくなります。**

私達のバイブル、安室奈美恵がいなくなります。

だから今、私は筆を執りました。

安室奈美恵が、スーパースターであり続け、熱狂的なファンを生み出し続けたその

〝在り方〟を今、改めて見返してみたいと思うからです。

正直、私は安室奈美恵の熱狂的なファンとは言えませんでした。

好ましいアーティストのひとりとしては見ていましたが、のめり込むわけではありませんでした。

ですが、安室奈美恵が正式に引退を発表して以来、報道の量、ニュースで流れる回数とは無関係に、**「安室奈美恵が気になって気になって仕方がない」**のです。

なぜだろう？　どうしてだろう？

考えてみると、**私は安室奈美恵の生き方に共鳴しているのだと気づきました。**

彼女の存在が、実はビジネスの世界にも影響を与えていることに気づきました。

そして、改めて、この本を執筆する覚悟を決めました。

彼女の〝在り方〟こそが、私達に実に多くの示唆と解答を与えてくれます。

安室奈美恵の持つ、類まれな、成功力とでも言えるエネルギーをあなたも受け取ってください。

『なぜ安室奈美恵はスーパースターなのか？』目次

序章　安室奈美恵は「起業家」であり、ひとつの「産業」である

第1章 安室奈美恵は「波瀾万丈」である

第2章 安室奈美恵は「現場主義」である

第3章 安室奈美恵は「ストイック」である

第4章 安室奈美恵は「曝け出さない」

第5章 安室奈美恵は「同性に支持」される

第6章 安室奈美恵は「母」である

第7章 安室奈美恵は「セルフプロデュースの達人」である

第8章 安室奈美恵は「いさぎよい」

ブックデザイン　菊池 祐
本文DTP　荒木香樹
本扉写真　dwphotos/Shueerstock.com
Kjpargeter/Shueerstock.com
Oleksandr Nagaiets/Shueerstock.com

序章

安室奈美恵は「起業家」であり、ひとつの「産業」である

安室奈美恵という「最高の生き方」

安室奈美恵はパッと咲いてパッと散る、そんじょそこいらの芸能人ではありません。ひとりの幼い女の子が、幾多の試練を経て、その試練を自らの意思と努力で乗り越えながら、結果、理想の状態に近づいていく。

理想の在り方を手に入れる。
そんな、生き方のロールモデルです。

世の女性達、特にアムラーと呼ばれる熱狂的な安室奈美恵ファンは、そこに、自らの生き方を投影します。

そして一緒に悩み、一緒に喜び、一緒に苦しみ、一緒に悔し涙や嬉し涙を流す。

そうして自らを、安室奈美恵の人生に投影することで、ますます共感性、共振性を高めていきます。

その安室奈美恵の辿った道筋を見ると、実に波瀾万丈ではありますが、あることに気づきます。

1977年9月20日、沖縄県那覇市首里に3人兄妹の末っ子として生まれる
両親は奈美恵が3歳の時に離婚↘
沖縄アクターズスクールでスカウト
中学2年生から芸能活動を開始
東芝EMIよりメジャーデビュー↗
自身はセンターボーカルを担当するも、ヒット作には恵まれない↘
小室哲哉との出会い
1996年、「アムラーブーム」の到来↗
結婚・出産↗
1999年、母親の死↘
2002年、離婚↘
2002年、SUITE CHICとしての活動開始

2008年、10代、20代、30代をまたいで史上初の3世代連続ミリオンセラー達成⤴
2015年、事務所の移籍問題
そして引退

まさに波瀾万丈！　これぞジェットコースター。

年表の項目の末尾につけた矢印を見ていただければ分かる通り、一旦落ちた後に、再度、突き落とされる。
上がった際は、それに上乗せするかのようにさらに上がる。

最初からうまくいくというよりも、いくつものハードルを越えながら、自らの目標を追い求め、そして、「なりたい姿に近づいていく」。
まさに山あり谷ありの連続です。
そこに彼女の魅力が見えてくるのです。

一度上がって、落ちてそれっきり、というのではなく、落ちてもそれを遥かに凌駕するエネルギーを持って、立ち直ってくる。

だから、「あの人は今！」と話題にはならないし、懐かしのアイドルにもならない。

停滞することなく、いつも動いていよう。

そんな精神の在り方が見えてくるのです。

そしてその精神の在り方は、私達のビジネス人生に対する教えにもなります。

安室奈美恵という「最強のストーリー」

さて、本章のタイトルは、「安室奈美恵は『起業家』であり、ひとつの『産業』である」です。

なぜ、筆者はそんなことを言い出したのか？

それは、先ほど話した、山あり谷ありの人生が、実はビジネスの世界で共感を得て、しかも真の成功を手にするための、典型的な形だからです。


この安室奈美恵が辿った道筋は、ビジネス界でいうところの、

【最強のストーリー】
であり、
【もっとも共感を得やすいストーリー】
でもあると言えるんです。

【落ちても負けない！】
↓
【世間が思う以上の、衝撃的な立ち直り方！】
を見せるのです。

山の後に必ず谷が訪れる。
そして乗り越えるとまた谷がやってくる。
そんな、**交互性**こそが、実は共感を得る秘訣なんですよね。

苦労・もがき！

試行錯誤・努力！
←脱出・成功！
←さらなる、苦労・もがき！

この繰り返しが、共感を呼ぶのだと思うんです。
良い意味で期待を裏切る！　想像以上の立ち直りを見せる！
そこに、人は〃あんな風に生きたい！　自分もそうありたい！〃と自らを投影する。
そういうことです。

楽に、苦労なく生きようとすることは簡単です。
ですが、実際には、絶対にそうはならない。

楽して○○とか、寝ている間に○○とか、たった○日で××とか……。

そんな安直な生き方を世の中が許してくれるわけが無いんです。

その事実に、どんな人も実は気づいている。

でも、それを認めてしまえば、きついことを受け入れなければいけないから、見ないようにする。つまり……逃げです。


安室奈美恵は、その逃げを嫌います。唾棄します。

だからこそ……愛される、支持される。


チャンスは、空気のように、誰にでも平等にあります。

しかし、そのチャンスをどう手にするか？

それこそが難しい。

ですが、安室奈美恵はそれを摑んできました。

圧倒的な努力と、並外れた才能、頑ななまでの覚悟、それにほんの少しの運。

それらすべてを使って、チャンスを手にしてきたんです。

「チャンスの神様は前髪が短い。だから、なかなか摑めない」

そんな言い回しがあります。

ですが私はこう思うんです。

「チャンスの神様は耳が遠い。だから、いくら呼んでもすぐに遠ざかってしまう」

追いつくスピードと、追い続けるスタミナが無ければチャンスは手に入りません。
チャンスと感じた時に、チャンスに向けて動くしかないんです。

アイドルから女性R&Bシンガーへ

安室奈美恵が起業家として優秀な理由は、自らカテゴリを作ってきたことにあります。
デビュー当時のアイドルとしての安室奈美恵の立場は、周囲から与えられたものでした。

「気づいたらそうなっていた！」という、作られた、仕組まれたものだったのでしょう。

そこに本当の安室奈美恵自身はいませんでした。

しかし、大きな挫折を味わい、生まれ変わろうともがき、結果、本格派の女性R&Bシンガーとして再生した時、彼女は自らカテゴリを作りました。

憧れだったジャネット・ジャクソンを追い始めたんです。

日本初の、本格的に歌って踊れる女性R&Bシンガーというカテゴリを自ら作り、そのカテゴリで唯一の存在として自らを位置付けました。

ビジネスに参加する、携わる、あるいは携わりたい女性は数多くいます。

そしてビジネスでの真の成功とは、過去に無かったカテゴリを作ることです。

安室奈美恵はそれをやってのけた。

見えない部分での血のにじむような努力と苦悩はもちろんあったでしょう。

でも、軽々とそのハードルを越えてみせた。

そこが安室奈美恵の力であり、周囲の憧れを勝ち取る能力です。

だからこそ……起業家なのです。
その軽々とハードルを越えてみせる姿に、女性達は憧れるのです。

安室奈美恵という「産業」

安室奈美恵については、最後のツアーを含め、引退発表以降の売上が２００億円とも、それ以上とも言われています。
ちょっと嫌らしい言い方になりますが、
安室奈美恵は、一体、デビュー以来、どのくらいのお金を生んだんだろう？
そう考えてしまいます。

いずれにせよ……巨額ですよね。
その金額がいくらなのかは、実はどうでも良い。
ここで語りたいのは、**「安室奈美恵は、産業である」**ということ。

安室奈美恵という存在自体が、〝ビッグビジネス〟であるということです。

私などはビジネスの世界に生きているので、どうしてもそこを見てしまいます。

安室奈美恵が歩く道は、すべて黄金に変わると言っても過言ではありません。ツアーひとつとっても、入場料収入以外に、グッズの販売売上や諸々、それはもう巨額のお金が動くわけです。


大リーグのイチロー選手などもそうですが、〝その人自身がひとつの産業〟であるわけです。だから、そこに人が集まる。

これは、そんじょそこいらのタレントではそうはいきませんよね？

産業とは「ひとつの才能を世に送り出すための装置」

さて、産業って何でしょうか？

ちょっと堅い話になりますが、少しだけ考えてみたいと思うんです。

産業とは、**「ひとつの才能を、世に送り出すための装置」**だと私は考えています。

ひとつの、あるいはひとりの才能、その才能が生み出した商品、サービスがあるとします。

その才能が本物の場合、それを世に出すために、そこに〝人〟が集まってきます。

そして、さらにそこに、お金が集まる。

これが産業の形です。

古くは、ルイ・ヴィトンやココ・シャネルのようなファッションデザイナー。

マライア・キャリー、ガガ、ビヨンセといったシンガー。

イチロー選手や大谷翔平選手のような大リーガーも同様。

スティーブ・ジョブズやビル・ゲイツも、スピルバーグやルーカスも同じ。

挙げればきりがないですが、こうした才能を受け取りたい人がいて、売り出したい人がいて、そしてそこに人とお金が集まる。

これが産業の形です。

そして安室奈美恵も、間違いなく産業です。

だから、だからです。

そこに〝憧れ〟というエネルギーが生まれます。

「あんな風になりたい！」という熱が生まれます。

それがブームを呼び、風を起こす。

そして、このお金が動く部分が、実は周囲からの〝密かな憧れ〟になっているんです。

安室奈美恵は起業家であると先述しました。

ですが、いくら起業家でも、それがビジネスとして成功しなければ、そこに熱は生まれませんし、風も起こりません。

安室奈美恵という「奇跡」が生まれた理由

ブランディングという言葉があります。ここでブランドの定義をする気はありませんが、ひとつだけ私が信じていることがあります。

それは、**〝ブランドが生まれるには、絶対に一定以上の時間がかかる！〟**ということ。

ちょこちょことやって簡単に、手軽にできるブランドなどあり得ません。

そしてもうひとつ、ブランドをブランドたらしめる条件があります。

それは**〝永続性〟**です。

ブランドは一過性ではいけないのです。

たとえば、インターネットを使ってドカンドカンとプロモーションをやって、短期間で大きなお金を得ることはできるでしょう。でも、翌年はどうか？　さらにその翌年はどうか？　3年、5年で消えてしまうものはブランドなんかではあり得ません。

そこで、安室奈美恵です。

彼女は、20年以上にわたって、実績を出し続けてきました。ほとんどのアーティストが、気づいたら消えていたという状況の中、20年以上もトップとして君臨しています。

これはまさに「奇跡」です。

アイドルとしてマーケットに君臨し、一度はそれを手放す。

でも、また、新たなマーケットを生み出す。

しかもそのマーケットは過去を遥かに凌駕するもの。

この不死鳥性こそが、安室奈美恵がスーパースターであり続けられる最大の力です。

一度成功しても、じり貧。上がっても落ちてそれっきり。

それではブランドなんかには絶対になれません。

安室奈美恵が、ブランドを意識したことは、たぶん、無いでしょう。

ですが、図らずも、思いもよらず、そこにブランドが生じた。

ひょっとすると、安室奈美恵の波瀾万丈人生は、ブランドを輝かせるために必要な条件だったのかもしれませんね。

安室奈美恵が生み出すお金は、大きすぎてピンとは来ないかもしれません。

でも、彼女がビジネスウーマンとして大成功したからこそ、そこへの憧れも強まり、特に、同じ背景を持つシングルマザー達からの支持を得たのだと思うんです。

次章では、安室奈美恵を安室奈美恵たらしめている要素＝生き様を通して、あなたのビジネスを加速させる条件を見つけていきましょう。

安室-ism「8つの生き様」とは

安室奈美恵の成功には、もちろん多くの要因があります。

本当にたくさんの要因が複合しているのだと思うんです。

そのすべてをここで挙げることはできないし、正解であるという保証もありません。

本書はビジネス書であり、安室奈美恵のエッセンスをあなたに注入するための本。

であるならば、**「あなたが自分のビジネスに取り入れられなければ意味がない」**ということ。

その意味から、吟味に吟味を重ね、**「8つの生き様」**を選びました。

そして、その8つの生き様＝安室ｉｓｍを、意識するしないにかかわらず、取り入れ、活かし、成功につなげている人達がいることもまた事実です。

言ってみれば、安室チルドレン達ですね。

次の章からは、そうした安室チルドレン達の活躍に目を向けながら、あなたの成功に重ねてみたいと思います。

第1章

安室奈美恵は「波瀾万丈」である

山あり谷あり人生は、共感を呼ぶ〝禁断〟の果実

安室奈美恵の人生が波瀾万丈である、ということに異論をはさむ人はいないでしょう。

思いもかけないスカウトからレッスンの日々を経てデビュー。

売れない日々に悩んだ末のソロブレイク。

そして結婚、引退。

出産・離婚、復活。

身内の大事件から、第二の黄金時代を経て、耐えに耐えた日々を経た後、すべてをやり遂げ引退。

こう書けばわずか5〜6行の人生ですが、実は百科事典何十冊分の凝縮された時間があります。**落ちても、決してあきらめず、這い上がる姿は、共感を呼ぶばかりか、ある種の神々しさすら感じさせます。**

まさに不死鳥。そう、安室奈美恵は、フェニックスなんです。

安室奈美恵が私達に残してくれようとしているもの。

それは、ひょっとすると、**「どんなに辛いことがあっても、決してあきらめず、自らの足で立つこと」**なのかもしれません。

「艱難《かんなん》汝を玉にす」という言葉があります。

ダイヤはダイヤでしか磨けないし、人は人生の中でしか磨かれない。そしてその人生は、凹凸が激しければ激しいほど、人をよく磨いてくれるものなのかもしれませんね。

人生とは波瀾万丈で紆余曲折があればあるほど、人の胸を打ち、共感を得、思い入れを生むものです。ここに、普通では乗り越えるのは無理かな？　とすら思えるくらいの苦難を乗り越え、しっかりと自分の足で立っている3人の女性達がいます。

彼女達の中に、安室·ｉｓｍが宿って見えるのは私だけでしょうか。

波の乗り越え方はさまざまですし、その苦労も、きつさも色々でしょう。

ですが、やはり乗り越えてしまわなければ見えてこない世界がある。

あなたは、この3人の物語から、何を学ぶでしょうか。

01

真っすぐに付き合っていれば、必ず、お客さんが力をくれる。

新宿、ビア&カフェ ベルク副店長：迫川尚子さんあなたは新宿駅ビル、ルミネエストの中にある小さなカフェ、「ＢＥＲＧ（以下、ベルク）」をご存じですか？

たった15坪の店に、毎日１５００人から、多い日には２０００人が来店し、食べ、飲み、ひとときを過ごすという、ちょっと信じられないレベルの店です。

そしてそのベルクを、一躍有名にしたのが、新宿駅ビルとの間に生じた立ち退き騒動。思わぬことで、世の中を騒がせることになりました。

駅ビルのオーナーが、それまでのマイシティ（運営は新宿ステーションビルディング）からＪＲの子会社、ルミネに変わった際、立ち退き問題が勃発したんです。かいつまんで言うと、経営が変わった時点で、実に理不尽な契約を持ち出して立ち退きを迫るルミネ側と、それに納得しない（と言っても、明らかにルミネ側がおかしいんですが……）ベルクとの間に起こったトラブルです。

このルミネのやり方に、いくつものテナントが追い出され、苦渋を味わったんですが、ベルクには実は、隠れた、すごい味方がいた。そんな話をしましょう。

この立ち退き問題は、国会でも取り上げられたりして世を騒がせたのでご存じの方も多いと思いますが、詳細はベルクの店長、井野朋也さんの著書『新宿駅最後の小さなお店ベルク』に詳しいので、それを読んでいただくか、あるいはインターネットで〝ベルク ルミネ〟で検索してみてください。山のように情報が出てきますよ。

本項のタイトルに登場する迫川尚子さんは、店長の井野さんを支える副店長の立場で、夫婦別姓を名乗る奥様。

天才的な味覚の持ち主でもあり、プロのカメラマンでもあります。

ベルクの素晴らしい料理やドリンクのクオリティと安全性はこの迫川さんのジャッジによるところが大きいんです。

この章のテーマは**「波瀾万丈」**です。

この立ち退き騒動が起こった当初、ベルクとしては極力、表には出さないでおくというスタンスをとっていました。

どちらに非があるとかいう以前に、立ち退きのトラブルの渦中にあるということがお客さんや仕入れ先に分かってしまうことは、決して良い評判にはつながりません。もちろんお客さんもそうですが、仕入れ先にとっては信用不安にもつながるレベルの話。普通は公開しませんよね？

ですがベルクはルミネサイドのあまりにもひどいやり方に、さすがに我慢の限界を超え、辛抱の壁も決壊し、公にすることにしました。

店長の井野さんにとっても、副店長の迫川さんにとっても、まさに身を削る苦渋の決断だったと思います。

店内に、今、置かれている状況を淡々と書いた説明書を貼りました。

するとあり得ないこと、まさに奇跡が起こったんです。

ベルクが提供する味、空間、くつろぎに惚れた常連客達が次々に行動を起こします。

「我らがベルクを失くしてはいけない！」

そう考えた常連客が、自発的に営業継続嘆願の署名を集め始めたんです。

これはベルクの側からお願いしたことでは決してありません。あくまでもお客さんの自発的な意思で生まれた、ある種の運動でした。

そしてあれよあれよという間に、署名は2万人を超えました。

ベルクは駅ビルであるルミネエストの中に位置するお店です。新宿駅東口改札から、ほんのわずかな距離にある場所、地下鉄や西武線への乗り換え通路にも面していて、要は、ベルクのお客さんのほとんどは駅ビルの利用者、イコールJRの利用者でもあるわけです。ならば、このままベルクを立ち退かせようとすることは、つまるところ、この2万人の利用者を敵に回すということ。

さすがにこれは、ルミネにとっても脅威だったのでしょうね。

細かな経緯は省きますが、**結果、ルミネはベルクの営業継続を認め、ベルクは今もお客さん達を楽しませ続けています。**私も日々、その恩恵に浴しています。

そしてこの署名運動の中で、私がもっとも感動し、ベルクの凄みを感じたのが、仕入れ先=職人と呼ばれ、ベルクの生命線とも言える、コーヒー、パン、ソーセージ・ハムなどのミート類を提供してくれる方々の対応です。

先ほども話した通り、立ち退き問題なんかが勃発すれば、仕入れ先は去っていくのが普通です。

しかもベルクの場合、仕入れ先から供給される商品こそが、まさにベルクの柱であり、命綱。一方、仕入れ先にとってもベルクへの経営依存度は高い。

その非常事態に、下手にベルクに頼っていては、共倒れなどということも起こりかねない状況です。

ですが、ベルクの職人さん達は、逃げませんでした。最後までベルクを信じてくれました。

そして一緒に勝利しました。

これもベルクが井野さん、迫川さんを中心に、職人さん達としっかりした付き合いを続け、真の信頼関係を築いていたからこそのこと。

そう、ここがポイントです。安室ｉｓｍとはまさにこれなんだと思うんです。

いくらきつくても、本質を忘れず、見失わず、目の前のお客さん、仕入れ先を大切にする。自分達の都合よりも、相手の都合を優先する。まさに、カスタマーファーストです。いつもそれをやり続けていたからこそ、ベルクは大きな大きな危機を乗り越え、営業継続ができたのだと思うんです。後で詳しく書きますが、安室奈美恵も同じ。どんなにきつい状況にあっても、ステージ、コンサートという自分の本分、一番優先すべきことをブレさせなかった。だからこそのスーパースターなんだと思います。

ベルクとお客さん、ベルクと職人さん達。

通り一遍の、浅い関係だったとしたら、今、あの場所にベルクは無いのです。井野さんや迫川さんに当時のことを尋ねても、結構、淡々と「いつも通り営業していただけですよ」と言いますが、実際には日々、胃に穴が開くような思いをしていたのだと思います。

ベルクにはいくつもの、大小さまざまな危機がありました。

ですがそれを乗り越え、とりわけ立ち退き事件という、まさに死活問題とも言える危機を乗り越えてきたからこそ、お客さんも応援するのだし、そうした事件が、逆にまたお客さんとベルクを近づける、磁石の役割を果たしたのだと思うんです。

乗り越えてこその危機。そしてその乗り越え方にこそ、熱狂的なファンが生まれる理

由があると思うんです。

これからだって、ベルクには危機がやってくるのでしょう。ですが、こうして危機を乗り越えたベルクには、いつも応援団が力を貸してくれるのだと思うんですよ。

このベルクの物語は、**「お客さんと、それを支えてくれる人達と、真っすぐに付き合っていれば、必ず、味方になってくれる」**ということを教えてくれます。

浅く広い付き合いでは、決してそうはなりません。

紆余曲折は人を強くします。

そして魅力の厚みを増してくれます。

こうしたエピソード、背景を知れば知るほど、ベルクの魅力は輝きを増すのだと思うんですよ。

02

戦おうとするだけでは
味方はできない。
戦っている人間にだけ
味方はできる。

株式会社グレイス・ラム代表：金城祐子さん

原田マハさんという小説家をご存じですか？

私の大好きな作家のひとりで、ほぼ全作を読んでいます。

中でも、トップ3に入るほど好きで、友人達、特に女性に相当な勢いで薦めている本が、『風のマジム』（講談社）です。

主人公は伊波まじむという女性。

実はこの伊波まじむには、〝実在するリアルなモデル〟がいたんです。

マジムというのは、小説の中で明かされていますが、沖縄の言葉で〝真心〟という意味。

主人公が、まさに真面目に、ひたむきに夢を実現していく姿が多くの共感を呼びます。

掛け値無しの名著です。

そのモデルが、「グレイス・ラム」という会社を経営する金城祐子さん。

グレイス・ラムは、国産初の、ラム酒をメインに製造する会社です。

CORCOR（コルコル）というのがそのラム酒の名称ですが、実に個性的でおいしく、素晴らしいでき栄えです。

金城さんの人生こそ、まさに波瀾万丈。

山あり谷ありどころか、谷谷谷ちょっとだけ山、また谷……みたいな。

詳しくは原田さんの『風のマジム』を読んでいただくとして、金城さんはその商品の素晴らしさも相まって、女性達からも大きな支持を得ています。

ある意味、女性のリアル起業のひとつのロールモデルでもあるんです。


金城さんの社会人デビューは、何の変哲もない情報処理会社のキーパンチャーでした。

そのキーパンチャーから始まり、ずっと事務職を中心に働いていました。

何度かの転職、派遣社員を経験した後、沖縄の通信会社、アステル沖縄に正社員として雇用されます。

そして結婚・出産。

そんな中、たまたま飲んだラム酒にインスパイアされ、**「サトウキビの栽培が盛んな沖縄なら、輸入に頼らず地元のサトウキビで、沖縄らしいラム酒が作れるのではないだろうか？」**と思いつきました。

そして一念発起、親会社の沖縄電力が募集していた社内ベンチャー制度「MOVE2000」に応募します。

この時点では、とても自分の提案が受け入れられるなどとは思ってもいなかったそうです。でも結果として、金城さんのベンチャー提案は会社の正式なプロジェクトとして認められます。

第2次審査を通るまでは通常の勤務時間外に準備をし、その後は沖縄電力に籍を移します。

ですが、そこからがもっとも苦しかったそうです。

それはそうですよね。何しろ、何から何までやったことの無いことばかり。

ただの事務員だった女性が、一夜明けたら〝モノづくりの責任者〟になるわけですから、それはもう大変なこと。

それからは、寝ても醒めてもラム酒のことばかりを考える日々……。

役員会に通す企画書の作り直しや、職人探し、調査、工場建設など、いくら時間があっても足りなかった2年間を走り抜けます。

応援者のモチベーションが上がってくる一方で、プレッシャーも大きくなってきていました。

この時期の、次から次に襲い来る、アクシデントと危機に関しては、しつこいようですが、ぜひ『風のマジム』を読んでください。

神様はここまでひとりの人に試練を与えるのか？　という感じです。

さて、ここに重要なポイントが見えてきます。

プロがプロとして問題を解決していくのは当然です。ですが、**まったくのシロート、何の経験もない人が新たな、目の前に立ちはだかる壁に立ち向かっていく姿こそが共感を呼ぶんですね。**共感を呼ぶからこそ、助けてやろうという気持ちにもなる。

安室奈美恵の例で言えば、次のステージに這い上がろうとした時、手を貸してくれたのは小室哲哉さん以下、音楽のプロ達でした。そうしたプロの手を借りながら、プロの力を、ある意味、利用しながら安室奈美恵はいつも新しい自分を見せ、セルフプロデュースを果たしてきました。決して、ひとりだけではできなかったことだと思うんです。

金城さんも同じです。他の人達の力を素直に借りながら、一緒に試練を乗り越えたからこそ、プロジェクトも価値を持ち、スタッフのモチベーションも上がり、ひいては商品の品質も上がったわけです。

金城さんは苦難の準備期間を経て、2004年3月に株式会社グレイス・ラムを設立します。組織内で起業する苦労にも苛《さいな》まれる中、あるパティシエとの出会いが、グレイス・ラムの基幹商品、コルコルのヒントになりました。

そのパティシエはこう言ったそうです。

「既存のラム酒は、香料などを使っていて、決して自然とは言えない。無添加無香料のラム酒をぜひ飲んでみたい」

世の中の風潮が、大きく安心安全に傾きかけていた時期でもあり、金城さんはあえて色も甘みも加えない、ナチュラルなラム酒に挑んだんです。

結果、素材にこだわるお菓子屋さん、酒屋さんなどから、発売前の時点で注目を浴び、ネット上には応援サイトまでできてしまうほどでした。

完成時には南大東島の島内放送でラム酒の誕生と先行販売のお知らせをするなど、話題作りをします。

多くの、数えきれない人たちの力を得て、国産初のラム酒が生まれたんです。

会社設立から時間を経た現在は、卸先のレストランの紹介をするなど工夫をしながら、日々の売上の安定を図っているグレイス・ラム。

まだまだ夢は多岐にわたるそうです。

ひとつは、日本でのラム酒の普及につとめ、「ラム酒を作ってみたい」人のための体験型ツアー等を企画すること。たくさんの人々に協力してもらって会社を立ち上げたので、もっと地域に還元したいという思いが強いのです。いつの日か世界各国から注文が入る日を夢見て、今日も社員一同精進しています。

ただの、何の変哲もない女性事務員が、どうしてここまで来られたのか？

その答えは簡単、**逃げなかったから**です。**素直に〝人〟の力を借りたから**です。

苦難というのは人それぞれにレベルが異なります。Aさんにとってはどうということもないことでも、Bさんにとっては手に負えないほど厳しいこと、そんなの当たり前。ですが、いずれにせよ、そこを超えようとする人には味方ができるし、神風が吹くんです。

私が大好きな小説家である今野敏さんの『事件屋』（光風社出版）という小説に、こんなフレーズが登場します。

「戦おうとするだけでは味方はできない！　戦っている人間にだけ味方はできるのだ！」

まさに金城さんはそれをやってのけたんですね。

真っすぐな努力は、人を動かします。
本気の行動は、周囲を巻き込みます。

この金城さんの物語が、私達に安室ｉｓｍの価値を教えてくれます。

03

ラクな方ではなく、困難な方を選ぶ生き方が、ライバルを無くす。

中華料理、上海小吃店長：玲子ママ

街は日々変化するものです。

かつて演歌の殿堂と呼ばれた新宿コマ劇場の跡地には巨大なゴジラが鎮座し、新しい新宿を見下ろしています。その裏側には今なお雑多な街並みが広がります。新宿は今と昔が共存しているところが面白いのかもしれません。

本項の主役、上海料理の専門店「上海小吃（シャンハイシャオツー）」を取り仕切る玲子ママは、もともと上海の出身。本名を美玲さんといいます。

ある時、ひょんなことから今のオーナーに口説き落とされ、上海小吃を全面的に任されます。上海小吃は、今では、押しも押されもしない新宿の名店として名を馳せていますが、もともとは普通の中華料理店でした。

味の評判はとても良い店でしたが、特に目立つお店でもなかったそうです。

玲子ママを、いえ、上海小吃を襲った最大の危機が1994年に起こった〝歌舞伎町青龍刀事件〟です。

この事件は、当時、危険なことで知られていた新宿歌舞伎町の歴史の中でも、特筆されるべき事件で、まさに世間を震撼させました。

その頃は北京や上海、福建省などで、中華系のマフィア同士の抗争が激化し、日本でもあちこちで諍《いさか》いが起こっていました。

報道には至らない事件、誰にも知られずに葬り去られていった事件も多かったはずです。そうした中で、青龍刀事件が発生します。上海小吃の近所の北京料理店で、２人が惨殺されたのです。

その2年後、作家の馳星周さんが歌舞伎町の中華系マフィアの抗争を描いた小説『不夜城』（角川書店）を発表し、吉川英治文学新人賞に輝きます。

１９９８年には金城武さん主演で映画化されていますが、混沌として猥雑《わいざつ》で退廃的――ディープな新宿と言えば、このイメージではないでしょうか。

さて、青龍刀事件を機に上海小吃周辺のお店は相次いで撤退。

それはそうです。陰惨で血なまぐさいイメージはそう簡単には払拭されません。

いつ流れ弾が飛んできてもおかしくない地域ですから、日本人客ももちろん寄ってはきません。

お世辞にもきれいとは言えない路地裏から賑わいが消え、街はますます暗くなっていきました。

上海小吃にも、当然ながらお客さんが来ない日々が続きます。

大ピンチです。普通ならやむなく廃業へと向かうところでしょう。

が、玲子ママはそれでもへこたれませんでした。

腹をくくって、胸を張って、王道を歩きます。

歌舞伎町のこの界隈には依然として大勢の中国人が働き、暮らしています。

その、故郷の味を求める彼らに、玲子ママは本場さながらの料理の提供をひたすら続けました。そして、歳月と共に、事件の衝撃は薄らぎ、中国人達の間で「風林会館のそばに、本格上海料理を出す、おいしい店がある」との評判が広がっていきます。やがて、上海に駐在していた日本人やおいしいものに目がない人々も集まるようになり、お店は青龍刀事件以前よりもさらに繁盛するようになりました。

安室奈美恵がそうしたように、玲子ママも、危機のさなかにあって、決して逃げませんでした。正しいと思うこと、これしかできないということを淡々と続け、手軽な方に逃げなかったんです。だからこそ、お客さんという仲間が増え、ある種のファンクラブのような状態になっていきます。まさに安室ｉｓｍそのものです。

実際に上海小吃へ行ってみると、初めての人は大体驚きます。

店舗周辺は再開発が進んでおらず、今なお薄暗く混沌としています。ズバリ！　怪しい路地裏です。

店の入り口を飾る赤色の提灯や中華風の装飾品は独特の雰囲気を醸し出し、絶対に通りがかりに、「軽く覗いてみようかな」という気持ちにはとてもなりません。「今日はここでおいしい上海料理を食べるんだ」という覚悟が必要です。

そして、店内に足を踏み入れると、漢字だらけのメニュー札に大陸風の調度品、赤を基調としたタペストリー、上海なのか四川なのか中国語のお喋り……、想像以上の異国感です。

これも徹底して、上海の香りを出そうという玲子ママの覚悟です。

日本人の感性とは違う空気に包まれるからこそ、**「ここなら日本風の中華料理ではなく、本物の上海料理を食べられそう！」**と思えるのです。

玲子ママによれば、食材や調味料は上海の市場から、玲子ママの親戚を通して直接仕入れているそうで、日本ではちょっとお目にかかれない金針菜やサソリなどを使った料理も定番メニューに載っています。

お酒も特別な紹興酒や中国のお酒が勢ぞろい。あくまで本場の味にこだわる姿勢がディープなファンの心を摑んで離さないのです。

あの事件から二十数年。上海小吃は超のつく逆風が吹きすさぶ中、本物として、この地に留まり続けました。今さら誰かが、表面だけを真似しようとしても、決してそれはできないことです。

そして今日も、上海を愛する人たちが集い、語らい、本場の味に舌鼓を打って英気を養える場を提供しています。

そうそう、玲子ママを知ってもらうのに絶好のエピソードがあります。

玲子ママは、毎日、入り口のすぐ近くに陣取っています。

ある時、「どうしていつも入り口のそばにいるの？」と訊いてみたことがあります。

その答えは、**「お客さんが帰る時の顔を見ると、楽しめたかどうか、味わってくれたかどうかワカルヨ～」**というものでした。

納得です。

一人一人のお客さんを大切にし、一人一人ときちんと向き合う。

その気持ちが強いからこそ、玲子ママは入り口近くに立ち続けます。

これ、どんなにきつい時でも、ずっと欠かしたことは無いそうです。

こうした、見えない努力。たまにしか行かない人には気づけない頑張り。

そうした思いも、多くのお客さんを惹きつける力になっているのだと思うんです。

逆境は誰にでも、多かれ少なかれやってきます。

逆境をまったく知らずに一生を終える人なんて、先ずいないでしょう。

そして**人の評価とは、その逆境時にどんな判断をし、どんな行動を重ねたのか？**

そこに尽きると思うんです。

先ほども話しましたが、上海小吃は消えゆく寸前でした。

ですが、玲子ママの、「この店を残したい！　歌舞伎町で、新宿で、東京で、日本という国で働く同胞達に、本物の上海料理を味わって欲しい。そして元気になって欲しい！」という熱い思いがあったからこそ、この店は今もそこにあります。

玲子ママの、逃げない姿勢と、お客さんを思う熱＝安室ｉｓｍこそが、お客さんという応援団を生み出したんですね。

あなたがもし、新宿歌舞伎町に出向く機会があったら、ぜひ上海小吃に顔を出してみてください。

入り口でお客さんをじっと見続けている美人に会うことができるでしょう。

第2章

安室奈美恵は「現場主義」である

現場を何より大切にしてこそ、プロフェッショナルである

「すべての答えは現場にある！」

誰かがそう言いました。そしてそれは間違いなく事実です。

安室奈美恵は、ひたすら〝現場＝ステージ〟にこだわって生きてきました。まるでそこが生まれた場所であるかのように、死にゆく場所ですらあるかのようにこだわり続けてきました。ステージで見せる自分こそが、真実の安室奈美恵だ。そう伝え続けてきました。リハーサルから本番までを通じた〝現場〟での安室を、「鬼気迫る」と評した人がいましたが、まさにその通りだと思います。

現場に立つこと。それは、自分を知ること、自分を正確に見ることです。体調、精神状態、技術、置かれている状況などと、否応なく向き合うことです。放り出したくなることとなんて、しょっちゅうだと思うんです。

ですが、安室奈美恵は、絶対に逃げなかった。

だからこそ今があるんです。そう、そのステージから逃げてはいけないのです。

私達の人生はまさにステージ。いつも誰かから見られる立場であるし、知らない場所から、誰かに見られている立場でもあるんです。


現場には答えが埋まっています。

その答えを見つけ、評価し、使いこなすのも自分。

現場から得られたものを、使いこなすのも、手放すのも、無視するのもすべて自分。


さて、第2章には、その現場を信じ、そこを自らの生きる場所だと考えて、真摯に、本気で取り組んでいる人が登場します。

これもまた、安室:ismの発露ではないか？

私はそう感じるんです。彼女達の生き方にあなたは何を見ますか？　何を感じ、何を学ぶでしょうか？　現場を信じ、そこで生きる人の声を聞いてみてください。

04

一瞬一瞬を最高のパフォーマンスで終える。
今この場にいてくれる人だけに、今日、その時にしか見られない一瞬の輝きを見せる。

タカキューの販売スタッフ

「現場」と言うのは、結局、お客さんと物理的、精神的に良い形でつながり、「ここで買いたい」と決断してもらうための"結節点"だと思うのです。

これを間違うと、「押しつけがましい」とか「余計な事をする」「無理に売りこむ！」みたいな状態になる。

安室奈美恵は、そのバランス感覚も実に優れていたのだと思うんです。

さて、「現場力」と言うテーマで考えると、私には、一度会っただけの"忘れられない女（ひと）"がいます。名前を「山田さん」といいます。下の名前はわかりません。

東京都新宿、新宿駅に近い繁華街に「タカキュー（TAKA－Q）」と言うアパレル店があります。その店の販売員で、胸のネームプレートに「山田」と記されていたのがその人です。（以降、山田さんと呼びます）。

ある日、私はスラックスを買おうと、その店に行きました。そして、「話し掛けるんじゃやねぇぞ！　放っておいてくれよ！　オーラ」をほとばしらせながら、売り場を流していました。

その時、私の選択基準は、何をおいても「色」。基本的に、青系しか買いません。

ですから、売場をザ〜ッと流して、気に入った色があると足を止め、次は触ってみます。色に次いで重要な「生地」「素材」「手触り」を確認するためです。

その日も、そうしながら2着だけ、手で触れてみました。

この間、スタッフの誰も声をかけて来ません。これ自体、とても珍しいです。

そして、およその目星も付いたので「お店の人に相談しようかな？」と見回すと、ある女性スタッフと目が合いました。

年の頃なら23、24の小柄な美人で、女優の綾瀬はるかさんに似ています。

私はその女性に言いました。


「ちょっと相談に乗ってほしいんですけど……」

そこで、
• 探しているのは青系のスラックスであること
• 生地は、そのとき自分が履いてるのと同じ系統でないとイヤなこと。
• 値段は特に気にしないこと。

この3点を伝えました。

「少々お待ちください」

そんな言葉を残し、彼女はいくつかのコーナーを回り、手早く、3点ほどの商品を抱えて戻ってきました。

実際、私はこのお店に何年も通っていますが、過去、他のスタッフでここまでスムースな動きをできる人はいませんでした。

ただ、ここまでのお話なら、他にもできる人はたくさんいるでしょう。ですが、山田さんの凄さ＝現場力はここからです。

まさに安室奈美恵がそうであるように、その場その場、一瞬一瞬を最高のパフォーマンスで終える。今この場にいてくれる人だけに、今日、その時にしか見られない一瞬の輝きを見せる。

そうした使命感と言いますか、一期一会に燃え尽きようとする凄みのようなものを感じました。

そして、山田さんの場合、何より「お客さんの要望に忠実に」という姿勢が見事でした。それはどういうことかというと、普通「青系で、こんな素材で……」と伝えたところで、多くの販売員は〝自分の売りたいもの〟を奨めるからです。平気で別の色を奨めてくる。

「この生地でないとイヤだ！」と言っているのに「これなんかどうですか？」と指定したのとは違う生地の商品を奨める。そういう販売員、結構多いです。

しかし、山田さんは一切それをしませんでした。

さて、ここで少しだけ話を変えます。

私の知り合いの敏腕編集者がいます。正真正銘のヒットメーカーで、彼が手掛けた本は一年あたりの累計で70万部とか80万部は売れるという実力の持ち主です。

彼が良く口にする言葉に、次のようなものがあります。

「著者が書きたい本は書かせない！ 自分が作りたい本も作らない！ 読者が読みたい本だけを作る！」

そう、特にエンターテインメント系のビジネスでは、「いかにお客さんが望んでいるモノを提供できるか」「自分のエゴや都合をいかに排除できるか」、これらがとても重要になります。

これは、できるようでいて結構、いや、かなり難しい。人間はどうしても自分都合で生きてしまう生き物だからです。だからこそ徹底してこの流れに抗《あらが》おうとするこの編集者は素晴らしい成績を上げているのだと思うんです。

そして安室奈美恵もまた、ひたすらひたむきに、お客さん＝ファンが求めるステージを継続してきました。だからこそ、彼女が作る現場にはファンを徹底して引き込む熱があったのです。

さて、山田さんの話に戻しましょう。

私は彼女が薦めてくれたスラックスを試着し、彼女を呼びました。この時点で「2本とも買おう！」と心に決めていました。ここから驚きの展開が待っています。

試着室のカーテンを開けると、彼女が立っていました。彼女は左腕に別のスラックスを2本抱えていました。

そして、こう言いました。

「先ほど、お客さまがご覧になっていた商品も、念のため持って来てみました。試着されたらいかがですか？　心残りがあっては困りますので……」

そう、彼女は、私が入店してすぐに手で触れていた商品、結果的には生地が私の求めるイメージとは少し違っていて放置していた商品を、ちゃんと見ていたのです。もちろん私はまったく気づいていません。**絶妙の観察眼であり、距離感です。徹底してお客さんを意識し、お客さんに想いのベクトルを向ける。これこそが現場目線。現場に集中しているからこそ可能になるスペシャルな技です。**

山田さんは、試着している間に、それを持って来て、差し出してくれた。

「参りました！」

「よく見てるなぁ～、ものすごい観察力と記憶力だな」

もはや言葉もありませんでした。

私はそのうちの1本も加え、都合3本を購入しました。

「すごい人もいるもんだ」と鮮烈な印象が残りました。

私は仕事柄、実にたくさんのお店に行きます。行けば気付くこともあるし、腹の立つことや、嬉しいこともある。**でも、そのすべては、〝お客さんへの関心と愛情＝現場を活かすチカラ〟というワンフレーズに帰結します。**

市井《しせい》の小さな店に咲いた一輪の華。

今はもう、店を去ってしまった山田さんのことを、私は忘れません。

さて、この山田さんの行いから学ぶ〝お客さんが欲しくて、でも気付いていなかったモノ〟とは何でしょうか？

きめ細かい対応などという、通り一遍の言葉では語れない〝察する努力と心掛け〟がそこにはあります。

察してくれれば、人はうれしい。そして胸襟を開く。そういうことだと思います。ステージに生き、ステージでのお客さんからの反応を糧に日々を生き抜いた安室奈美恵。

彼女には、「監視でなく観察。観て察してあげる」気持ちがありました。

これこそが人が強く求めていることだと思うんです。

05

「お客さんを喜ばせること以外考えない」と覚悟を決める。

スタッフ育成インストラクター：三浦花子さん

現場主義という言葉、先ほども出てきました。

有名な刑事ドラマでは無いですが、すべては現場で起こっている。**現場で磨かれてこそ、真の実力が身につく。**そういうことだと思います。

ここにひとりの女性がいます。まさに現場主義の化身のような人。

名前を三浦花子さんといいます。

彼女は2018年の初め、それまで10年近く勤めたグローバルダイニング社を退職し、フリーの〝スタッフ育成インストラクター〟としてその一歩を踏み出しました。

彼女の思いを聞いてみましょうか？

＊　＊　＊

三浦花子と申します。

ゼスト キャンティーナ、カフェ ラ・ボエム、モンスーンカフェ、権八などを展開しているグローバルダイニングで10年ほど働いてきました。

2018年の初め、そのグローバルダイニングを卒業し、フリーランスになりました。そして今、夢のひとつであった、〝スタッフ育成インストラクター〟として一歩を踏み出したばかりです。グローバルダイニングを卒業した今、強く思うことは、「私も栄養を与えられる人になりたい」そして、**「笑顔溢れる、心から元気になれるお店や場所を増やしていきたい」**ということです。そのために、〝スタッフ育成インストラクター〟として、一日も早く一本立ちしたいと考えています。

私の原点は、京都でのアルバイト時代です。大学生の時、京都の坐・和民で働いていました。ワタミグループ、渡邊美樹社長（当時）がおっしゃっていた「地球上で一番たくさんのありがとうを集めるグループになろう」、私の原点はココにあります。

和民でアルバイトをしなければ、私が今、飲食店で働いていることはなかったと思います。アルバイトをしていたのは、もう10年以上前のことなのですが、少しも薄れない記憶があります。

2005年冬、京都には春も夏も秋も冬も、たくさんの観光客が来ました。いつもと変わらずアルバイトをしていると、40代か50代くらいのご夫婦がご来店されました。

その時、和民では牡蠣鍋、塩ちゃんこ鍋、キムチ鍋の3種類の鍋フェアをやっていて、その夫婦はキムチ鍋をお選びになりました。

少しお話しをすると、東京から2泊3日の旅行に来ていて、近くのホテルに泊まるとのこと。「京都は、おいしいお店や、素敵な場所がたくさんあるので楽しんでください」と伝えました。帰る時お見送りに行き、キムチ鍋の感想を聞いてみると、すごくおいしかったよとおっしゃっていただきました。

私は、「じゃあ後2種類あるのでまた食べに来てくださいね！　京都楽しんでいってください！」と伝えると……。

なんと次の日の夜、ご夫婦まさかのご来店！

牡蠣鍋食べに来たよって。嬉しくてみんなに伝えました。

ご夫婦がお帰りの際、「今日は本当にありがとうございました。残るはちゃんこ鍋ですね。冗談です（笑）。残り一日、京都を堪能してください！」

そう伝えてお見送りをしました。


翌日は、本来アルバイトがお休みだったんですが、欠員が出て代わったため、私はたまたま、店にいました。オープン直後、そのご夫婦がまた来てくれたのです。

旅行の最終日のはずなのに……。

ご夫婦の顔を見ただけで目頭が熱くなりました。

もちろん注文してくださったのは、ちゃんこ鍋でした。

お帰りの際に、「京都の旅行すごく楽しかった。でも、あなたに会えたことがこの旅行で一番嬉しかったことだよ」と言っていただけました。


その日、**この仕事って本当に最高だ！**　と思いました。

お客様の笑顔がこんなにも私を幸せにしてくれる。

この大学生時代のアルバイト経験を機に、私は飲食業に進むことを決めました。

＊＊＊

どうでしょうか？　熱いでしょ？

彼女はある種、生きる伝説の人です。

彼女が店長になると、その店はグングン成績を上げます。そして同時にスタッフが育つ。花子さんの長所は名前の通り、圧倒的な魅力を持つ笑顔と、何よりよく動くこと。突然、2階から降りてきたかと思えば、次の瞬間には店の前のテラスで常連さんと話をしている。あれ？　と思うと厨房横の出口から出てくる。

いつ移動したの？　瞬間移動術＝テレポーテーションの持ち主なのか？　と言いたくなるくらい、よく動くんです。

そのことについてある日、訊いてみたことがあります。答えは、**「何か気になったらそのままにしておけない。行って確認するんです！」**というものでした。

そう、彼女の現場主義も、〝その場で解決！〟なんですね。

ある日、新人のスタッフがお客さんに料理の説明をしていました。私がいたテーブルからほど近い席です。その新人スタッフは、たどたどしくはあるけれども一生懸命です。気が付くと少し離れた場所に花子店長が立っています。耳をそばだてて、その説明の様子をしっかりと見、聞いています。そしてたどたどしいながらも、説明が終わり、お客さんが納得した顔をしてくれたら、さっとその場を離れます。

もし、万一、お客さんに納得できない様子が見えれば、花子さんはすかさず、フォローに入ったでしょう。

基本的に新人といえどもまずは任せる。でも、お客さんに不快感を残してはいけない。だからすぐにその場に足を運び、自分の目で確認し、オーケーならそれで良し。齟齬《そご》があれば自ら解決していく。

そしてここが重要なんですが、他のスタッフもその花子さんの姿を見ています。「ああ、自分の時もこうして見守ってくれていたのか。自分も後輩に対して同じことをやってあげよう」と共有ができる。これ、歌手がステージを作り上げる動きと極めて似ていて、ものすごく大切なことだと思うんですよ。

安室奈美恵がまさにそうです。現場にこだわり、現場を大切にするからこそ、周囲も動きます。連動する流れになるんです。

自分の役割だけを考えていては、全体が向上することはありません。

部分は全体であり、全体は部分である。

だからこそ花子さんは今日も動きます。

現場主義というのは、言葉で掲げるだけではまったく意味を成しません。

「私が考える現場主義とは、要するにこういうことなんだ！」というのを、率先垂範、自らやって見せない限り、間違いなく伝わりません。

それを骨の髄まで知っているのが花子さんなのだと思います。


その場で解決！　後に持ち越さない！　そんな花子さんを見て、またまたスタッフが育ってきます。花子さんは今、スタッフ育成インストラクターとして、ある外食店でコンサルティングをしています。そこでも、「今、起こっていることに興味を持つ。そして見極め、必要な手を打つ！」という主義は変わりません。

現場で起こったことは、現場でしか解決できない。

その一番大切なことを、彼女は教えてくれます。

その店が、店のスタッフが、どう変化していくのか？　どんな進化を遂げるのか？　とても楽しみです。

06

いつも新鮮な気持ちで
現場に挑むために、
現場で起きていることを
客観的に把握する。

株式会社エミー企画 代表取締役：田中博子さん

田中博子さんという、女性経営者がいます。

私にとっては、呑み友達であり、著者仲間でもあります。

彼女が過去の体験をもとに書いた、『お金をかけずに売上3倍! コメントPOP活用術』（合同フォレスト）は名著です。

さて、彼女からも現場主義について話を聞いてみましょうか。

少し古い事例にはなりますが、現場を活かすヒントが山盛りのエピソードです。


田中さんが経営していた貸しレコード屋さんは神奈川県の鎌倉にありました。

彼女は東京にいて、30年間、現場（店舗）には月に1度しか顔を出しませんでした。

いわゆる**「遠隔経営」**ですね。

当初はフランチャイズに加盟する形でオープンしました。お店のオーナーに多店舗展開してもらうため、オーナーは別途店長を雇って、教育してお店の運営を任せるという方式をフランチャイズの本部が推奨していたためでもあります。


その代わり、現場のスタッフには、毎日欠かさず営業終了後の売上報告と一緒に「営業日誌」を書いてFAXで送ってもらっていました。

この件《くだり》だけを読むと、現場主義からはほど遠いと思われるかもしれません。ですがこれは、自社店舗を客観的にお客さん視点で見るために効果的なやり方だと田中さんは言います。

月1回お店に足を運ぶ際には、「初めてこの店に入るんだ」というイメージに頭を切り替えます。毎日毎日お店にいると、忙しさと、時にはクレームもあり、客観的に、お客さんの視点で見ることがついついおろそかになっていきます。

店のスタッフも、感覚がマヒしていきます。久しぶりにお店に入り、最近発売になったばかりの新作を探してみて、どこにあるのか探せなかった時など、陳列場所の改善を提案すると、「うちの店のお客さまは、現状の陳列で慣れているから」などと平気で言うわけです。現場にいることにより、お客さんの気持ちが分からなくなるんですね。

いつも新鮮な気持ちで現場に挑む。安室奈美恵が、コンサートでのMCを止めたのは、

コンサートの回数が多くて、MCのネタが無くなったからだとも言われています。つまり、心の鮮度が落ちるんですね。田中さんも、そこを危惧したんです。


「○○という商品についてよく訊かれるので仕入れたいのですが」

「何人ぐらいに訊かれたの？」

「たくさんの人に訊かれました……」

これってほとんど感覚で言っているだけのことが多いのです。スタッフの言う通りにして失敗したこと数知れずだそうです。


現場のスタッフの報告、感想に耳を傾けながら、それとは別に、過去のお客さんや商品の動向については、ＰＯＳをしっかりと分析します。

ＰＯＳデータが一番正確に記録していますので、ＰＯＳを分析することで、お客さんのニーズ・ウォンツにどれだけお応えすることができるか？　そのために現場が努力しなければならないことは何か？　優先順位はどれか？　を常に考えるようになりました。

いつも新しい、新鮮なステージを作り上げ、マンネリを恐れた安室奈美恵ともオーバーラップしますね。

彼女の経営していたお店もそうですが、CDやDVD、書籍などを取り扱うエンターテインメント系の店舗では、スタッフからお客さんへ声をかけることはほとんどありません。「何かお探しでしょうか?」とお声がけするのが当たり前だというショップもありますが、放っておいて欲しいというお客さんが多いお店もあるのです。

ですが、何がどこに陳列されているのか探すのも面倒くさいお店だと思われてしまったら、その時点で客離れしてしまい、リピーターになってくれるどころではありません。

「現場が情報の宝庫」と思えるような店作りをするために、陳列や、コーナー展開、商品を手に取っていただけるようなPOPの制作には力を入れていました。

カウンターのPOSレジで顧客データ、商品データはすべて見ることができます。

一日の来店客数が600~800人のお店では、一人一人のお客さんに対応する時間も限られてしまいますし、一人一人のお客さんについても(よほどの常連さんでもない限り)憶えてはいられません(コンビニなども同様だと思います)。

しかし、ＰＯＳシステムは、レジを通ったお客さん、商品のデータをすべて記録してくれます。

それらのデータを、スタッフがいかに気遣いの範囲で活用していけるかに照準を合わせて吟味します。

たとえば、ＰＯＳはお客さんが過去に借りた商品（ＣＤまたはＤＶＤ）すべてのデータも記録しています。過去に借りたことのある商品をお客さんがカウンターに持ってきた場合、ＰＯＳに「過去に借りたことのある商品です」とアラーム表示されるので、スタッフが**「過去にも同じものを借りていらっしゃいますが大丈夫ですか？」**とお声がけすることができます。この対応は多くのお客さんに好評（感謝される）でした。

返却期日が過ぎている商品を未返却のまま、新たにレンタルしようとするお客さんには「未返却分の早期の返却のお願い」をすることもできます。場合によっては、追加の貸出しについてはお断りすることもできます。

受付カウンターで、このようなデータが表示されないＰＯＳも多いのです。

その店舗のPOSは、プログラムをどんどん進化させて（専門のプログラマーに作り替えてもらって）、それこそ世界に1台しか存在しないPOSになっていきました。それなりに開発費もかかりました。

さて、今はPOSを導入している店は多いです。が、その基本機能も含めて、本気で使いこなしている店は実は少ない。工夫の総量が少ないと思うんです。

田中さんの仕事は、遠隔経営なのでひとりの店長を育てることに集中していました。電話、FAXは毎日のこと、週に1度、東京の事務所に勤務させてミーティングをすることで店舗の内部を把握し、現場を情報の宝庫にするために、業界のショップコンテストに応募して、第三者から同店がどのような評価を受けるのかを試したこともありました。

結果、全国レンタルショップ、応募総数528店舗中、音楽部門で準グランプリを受賞しました。

ショップコンテストの審査の対象となる主な項目には次のようなものがあります。

- **ユーザー訴求度**：そのコーナーや作品の情報が分かりやすくタイムリーに伝えられているか。「手に取ってみたい」「観てみたい」など借りたくなる動機付けがなされているか。
- **テーマ性**：そのコーナーの企画やテーマに面白みが感じられるか。また、全体のコンセプトに調和がとれ明確に表現されているか。
- **創意工夫度**：全体の構成や仕掛けについて、コストパフォーマンスの面を含めて創意工夫がなされているか。

しかしショップコンテストに応募することを目的に時間、お金、労力を使う余裕はありません。

お店の所在地が鎌倉という土地柄、土地が高く、家賃も都内でご商売をされている方より驚くほど高いのです。

こんなに維持費が高い割には、夜8時を過ぎると歩いている人もまばらで営業をしているお店もほとんどありません。

よく夜中の1時まで、年中無休で、30年間営業してきたものだ、と今さらながら思うそうです。

会員制であるということは、地元のリピーターのお客さんがたくさん来店してくださり、何度も何度も足を運んでいただいて初めて成り立つ商売。

30年経営しても、常にそれが最大の課題でした。

本当にお客さんの立場に立った、痒いところに手が届くようなお店になっているだろうか、それればかり考えていた日々でした。

大手レンタルショップがいくら値下げ競争をしても決して対抗しません。

負けるに決まっているからです。自分の店にしかできないリアル店舗の良さ、**「わざわざ来店して良かった」と思っていただける店作りとは、「現場が情報の宝庫」だと言い切れるような店作りです。**

CDやDVDの在庫が5万枚以上もあり、毎月数百枚の新譜・新作の入荷があると、それらの個々の動き（特に新譜・新作）を的確に把握し、足りないと判断したものは追加発注をし、売り場を最適な状態に保つために不要の在庫を処分する必要がありますが、それらをスタッフや店長の記憶に頼るわけにはいきません。コンピューターのデータがどうしても必要なのです。

田中さんにとっての現場主義は、**現場で起きていることを、できるだけ客観的に把握することから始まります。**

データ至上主義は、下手をするとマイナスを生みます。ですが、上手にデータを使うと、説得力も増すし、何よりも、〝売り場で起こっていること〟がしっかりと把握できます。

そこが重要なんです。

彼女の店に20年間在籍してくれた店長は、現在もレンタル業界で某店の店長をしていますが、2017年も2018年も、ショップコンテストで優秀賞を取りました。

今でも「社長に足を向けて寝られません」と言ってくれるそうですが、「その言葉、当時、聞きたかったね」と田中さんは笑います。

第3章

安室奈美恵は「ストイック」である

どんなきつい時にも、口パクを拒否！

安室奈美恵は、ひたすらストイックです。ステージには一心不乱に打ち込むし、どんなことがあっても、弱音を吐かない。一過性の、瞬間的な人気を得るためにテレビ番組に出たりはしないし、話題作りのためだけに紅白歌合戦に出たりもしないし、プライベートを切り売りもしないし、どんな状況にあっても決して〝口パク〟をしない。

ひたすら、ストイックです。

「引退とは？」と訊かれた時の安室の言葉がこれです。

「今は引退というものが、どういうものかはっきり理解している。この5年間は、また歌いたくなっちゃうかもしれない、という心を整理してきた。少しでもそういう気持ちが残っていたら、引退という発表はしなかった。1ミリでもそういう気持ちが残らないように、5年かけて整理したので」

一切の心残りが無いように、一点の曇りも無いように、すべてを納得できるまでやり切れば、後悔も反省も、物足りなささえ生まれない。こう伝える安室はすごい。見事です。手軽に、気軽に、最小限の努力で欲しいものを手に入れたい。

今はそうした〝手抜き主義〟の時代です。確かに、これだけ閉塞した世の中だと、一生懸命、本気で取り組むなんて馬鹿馬鹿しい、ナンセンスだ！　という見方もあるでしょう。

ですが、それは違うよ！　私は安室奈美恵のストイックさを見ていてそう感じるんです。ブレず、ゆがまず、一心不乱に真っすぐ進もうとする気持ちには、やはり、いつの時代にも心を打つ何かがきっとある。

我慢、耐えることの強さを、安室奈美恵は、教えてくれます。

安室のストイックさは、それを信じさせてくれるだけの強さを持っています。

ストイックであることが青臭く見える面もあるでしょう。ですが、本気のストイックさは、青臭さを超えて、青白い炎に変わるのだと思います。本章に登場する方々も、みんな青臭さを炎に変えた人達。その熱に触れてみて欲しいのです。

07

無駄なものなんてひとつもない。持っている資産を徹底活用。

銀座、小料理龍《たつ》女将：龍川優さん

飲食店を作り、運営していくに当たり、一番大事なものは何だろうか？

私は仕事柄、そんなことをよく考えますが、そこに大きなヒントをくれるのがこれから ご紹介する龍川優さん。

私は思うんです。

「自分の作りたい店を作り、その店に惚れて通ってくれるお客さんと生きていくこと」

それこそが、もっとも望ましいことなんじゃないかな、と。

東京は銀座、コリドー街という通りにほど近い一角、雑居ビルの地下にひっそりと「小料理龍」は佇んでいます。この小さな小料理店を切り盛りするのが女将の龍川さん。

元某出版社の敏腕編集者で、どうしても小料理屋がやりたいと、数年前に独立。1年ほどの修業期間を経て、自らの店をオープンしました。

彼女は福井県出身。早稲田大学を出て、出版の世界に飛び込みました。

福井県出身、早稲田大学、出版社。何気なく書きましたが、実はこの3つの要素が今の彼女を作る、大きな力になっているんです。

さて、詳しく紹介していきましょう。

小料理龍は、せいぜい10席あるかないかの、カウンターのみのこぢんまりした店。

そして、彼女は長年、飲食業界を経験した人というわけではありません。

ごく短い期間、修業をしたと言えばしたという感じですが、その修業中に良い物件が見つかってしまったので、店を始めることを優先しました。


ですから、プロの女将としての腕を磨く時間はさほど無かった、と彼女は言います。

が、ここからが彼女のすごいところ。

まさに、彼女らしい〝ストイックさ〟全開の経営で、銀座の一角という激戦区で、成功を収めたのです。


彼女を成功に導いた要因は先ほど話した3つの要素、福井、早稲田、出版社です。

ストイックに〝自分らしい店〟にこだわり続け、結果、それを実現しています。


普通、店を始める場合、誰だってお客さんが欲しい。これ、当たり前です。しかもできるだけたくさんの人に来て欲しい！　などと言ってみたりするわけです。

ですからどうしても、あっちもこっちもと手を広げ、結果、これと言った特徴のない、ただのありきたりの呑み屋になってしまう場合が多いのです。

そもそも、狭い店の場合、お客さんを闇雲に増やしても、所詮は入れませんからね。意味のないことなんですよ。

賢明な龍川さんはそれをしませんでした。

3つのキーワードに絞るというストイックなやり方に賭けたんです。

先ずは〝福井県〟をひとつのキーワードにしました。

福井出身のお知り合いも多くいたため、その方々にお客さんとして来てもらうことはもちろん考えました。

が、龍川さんの凄腕はここからです。

彼女自身、大の日本酒好きですが、店で扱う日本酒を、基本、福井の地酒に絞ったんです。仕入れも問屋さんや酒屋さんに任せるのではなく、自らが動いて気に入ったお酒だけを仕入れます。

なので、「あの店に行けば福井のおいしい酒が呑める！」という評判が立ちます。

言い換えると、「福井の銘酒を呑みたいなら龍に行け！」ということです。

そして福井の酒好きが集まる店になります。

加えてもうひとつの凄腕。それは料理です。

龍川さん自身、料理は元来大好き。自慢の料理を作ってお客さんにお出しします。が、料理のプロフェッショナルというわけではありません。なので凝りに凝った料理を出せるか？　と言えば、狭い店で厨房設備も整わない中、それは厳しい。

そこで彼女は、自分が作る料理とは別に、ある作戦を立てます。

それが、**〝福井ですでに売られている総菜を仕入れて店で出す〟**という作戦です。

福井には色んな独特の地元料理があります。たとえばへしこ。

へしことは、鯖に塩を振って塩漬けにし、さらに糠漬けにした郷土料理で、若狭地方および丹後半島の伝統料理。本来は越冬の保存食として重宝されているものです。

そこで、このへしこ。本気でオリジナル＝自家製を作ろうとするとかなり手間がかかります。しかもお気に入りの味に辿り着くまでに結構な時間がかかる。だとしたら……と龍川さんは考えたわけです。そして「福井の地元で自分がおいしいと思ったへしこを仕入れて、店で出そう！」と考えたわけですね。

「おいしいへしこを作ったのよ！」と、「おいしいへしこを仕入れたのよ！」の違い。

これ、ひょっとしたら後者の方がお客さんにとっては魅力かもしれませんね。

で、手間暇をかけずに仕入れたものを出すので、作業的には楽だし、お客さんには間違いのないものを出せる。そういうわけです。


本当は自分で作りたい！　でもそこをぐっとストイックに耐えて、より効果的なことを考え、実行する。


この発想で龍川さんは次々に手を打ちます。地元福井の○○精肉店のおいしいホルモンなどを発掘して仕入れる。これ、見事な発想です。

こうして小料理龍は福井出身の人、福井好きが集う店になっていったんです。

安室奈美恵も易きに流れることをしませんでした。自分の納得できることを追い求めました。

龍川さんも、自分の納得できることを追い求める。これもまた安室ｉｓｍです。


さて２つ目の秘密。

早稲田大学です。早稲田は数ある大学の中でも、特に同門意識の高い大学です。つまり出身者同士の絆が太く強い。

言い換えると、**仲間が仲間を連れてきやすい。**そういうことです。なので、龍川さんはそこに対象を絞り、これまたストイックに、早稲田の仲間を中心に声をかけました。

結果、「早稲田のOBが面白い店をやってるよ!」という口コミが広まり、早稲田の仲間達が集まる店という評判が立ちました。

さて、3番目の秘密です。

彼女は先ほども話したように、出版社の出身です。出版社の編集者は、多くの著者と本を作ります。そのため、著者の知り合いが増えていきます。それから編集者は業界の集まりにも頻繁に顔を出します。そこで編集者同士の意見交換や情報のやりとりが生じます。そして何より、面白いコンテンツを持った著者との出会いの場でもあります。

要は、**編集者はコンテンツを持った著者と知り合いたいし、著者は自らのコンテンツを評価してくれる編集者と出会いたい。**そう思っているわけです。

龍川さんは知ってか知らずか、そんな店を作ってしまいました。

小料理龍には、現役時代の人脈を通して、たくさんの出版関係者が顔を出します。そこで龍川さんの面目躍如、人と人をつなげる力が発揮されるわけです。

「あ、そうそう、紹介します。こちら○○出版の××さん。こちらは『▲▲』を書かれた著者の■■さん」といった具合です。

私はあまりよくは知りませんが、小料理龍での出会いにより、いくつもの本が生まれているはずです。

何を隠そう、私自身もこの店での出会いにより、1冊、新しく世に出させていただきました。

その意味では、龍川さんの店は、編集者と著者という才能との結節点になっていると言えます。

著者の側から見れば、「あの店に行けば編集者と出会えるかもしれない」という期待が湧くし、編集者の側から見ると、「あの店で、新しい才能を発掘できるかもしれない」ということ。

これ、とても面白いし、画期的ですよね。

もちろん、これを龍川さんが意図してやったのか？　そう問われれば、それは違うのかもしれません。でも、確実にひとつの価値を生み出していると思うんです。

楽な方に、手軽な方に、全方位に向かえばビジネスは楽です。ですが、自らの思いを実現できる仕事になるのか？　と言えば、それは違うと思うんです。

安室ｉｓｍを知ってか知らずか、図らずも小料理龍は、安室ｉｓｍ満載の店になりました。

龍川さんは、自分の持ち味を活かし、自分の作りたい店を作り上げていった。

そこがすごいところです。

人は多くのものを背負って生きています。そしてその全部を使って成功を目指そうとします。

しかし、全部を使おうとすればするほど、何が何だか分からなくなる面もある。

一方、その背負っているものを上手にチョイスし、組み合わせれば、大きな力になる場合がある。

全方位は、いずれ破綻します。

それよりも、進むべき道に光を当て、絞った方がうまくいく。個性が出るのです。

龍川さんはそれを立証してくれていると思うんですね。

これと思った柱を選ぶというストイックさが、小料理龍の色を決めています。

編集者出身の龍川さんは図らずも、そのストイックさで、今日もお客さんと談笑し、元気をあげているんです。

08

「売らない！」と宣言したら、一気に売れ出した。

再春館製薬所

ストイックと言えば、この会社をおいて他に無いでしょう。

「ドモホルンリンクルは、初めての方にはお売りできません」

これ、化粧品メーカー、再春館製薬所の広告コピーです。

メーカーは商品を作る会社。そしてその商品が売れなければ成り立ちません。

ですから、気持ちはいつも「買ってください」です。

が、そのメーカーが、

「お売りできません」と言うわけです。

もちろん理由はありますよ。堅い言い方をすれば、ダイレクトマーケティング的技法を活かした手法です。

でも、それにしても……です。


化粧品メーカーにとって、最大の敵は何でしょうか？　もっとも起きて欲しくないことって何でしょうか？

そう、肌のトラブルです。

化粧品が肌につけるものである以上、このトラブルは決して避けては通れません。

さて、どうするか？　どうすれば、「肌に合わなかった」というトラブルを避けることが、最小化することができるのか？

そう考えた時、再春館製薬所は、「お売りできません」という戦略に舵を切りました。

先ずは、試してもらう。
↓
やっぱり、合わない人もいるだろう。
↓
その合わない人に無理に売ったら、それこそ大問題に発展する。
↓
であるならば、合う人だけに買ってもらおう。
↓
トラブルも回避できて、顧客満足度は上がり、いい口コミが広がる。

そんな流れですよね？

本物の商品と、内容は寸分たがわないミニサンプルを作り、申し込んでくれたお客さんに一旦、無料進呈する。

そして、実際に使ってもらった上で、「これなら自分の肌にも問題なし」と確認できた人だけに、商品を売る。

これ、とてつもなく勇気のいることだし、コスト面でも大きな負担を強いることになります。

まさに、アイドル路線から、本格派に舵を切った安室奈美恵を彷彿とさせます。

再春館製薬所はそこに踏み込んだ。

まさに、**リアルストイック**です。

だって、メーカーなのに、「売らない」と言うんですから。

結果、押しも押されもしないメーカーになり、ここからは私の勝手な推測ですが、肌トラブルに対応するコストも他のメーカーと比べると圧倒的に低いのではないか？　つまり、経営面でのメリットも相当大きいのではないか？　そう思うんです。

もし、「お売りできません」と言ったら、「だったら買わない」という反発も大きいかもしれない。もしそうなったら、お客さんからそっぽを向かれるかもしれない。「いい加減にしろ！　生意気を言ってるんじゃない！」と叱られるかもしれない。

そう考えると、ひざも震えるだろうし、心臓が破裂しそうになるような思いもあったのだと思います。

でも、そこを突破した結果、今の再春館製薬所があるわけです。

このストイックさこそが再春館製薬所の魂なのです。


再春館製薬所の、テレビCMにこんなフレーズがあります。

「ドモホルンリンクルを作る工場のラインは、毎日4時間消えてなくなります。それは徹底的に殺菌・洗浄するために、全部で198点にも及ぶ部品をバラバラに分解するからです」

これもまた再春館製薬所のストイックさの表れ。

だって考えてもみてください。工場は稼働してナンボの世界。稼働率の高さこそが、工場の価値。そんな側面もあるわけです。

それにもかかわらず、再春館製薬所はあえて、**工場のラインが消えてなくなる**、という表現をします。

動いているべき工場のラインが停まる。

これ、マーケティング的には先制の戦略と呼ばれ、業界他社が言わなかったことを初めて表現することを意味しますが、ここでは工場のラインを停めることの意味をこうして伝えているわけです。


再春館製薬所は限りなくストイックです。

通常、どんどん製品を作り、次々に広告を展開し、タレントを代え、表現を変える。

そうして、日々、売上を上げていく。

それが、それこそが普通のメーカーの姿です。

しかし、そこに真っ向勝負で、「お売りできません」「工場のラインが消えてなくなります」のような、ある種のアンチテーゼを放つ。

そのことこそが再春館製薬所のストイックさの証だと思うんですよ。

安室奈美恵は人生を賭けて、自分の進路を決めました。走るべきレールを敷き直しました。どれほどきつかっただろうか？　想像を絶することだったと、本当にそう思います。でも、それがあったからこそ、今がある。

再春館製薬所も同じです。

勇気を持って、線路を敷き直したんです。

お客さんに対し、「おいでおいで！　買って買って！」と煽り立てるのは簡単です。

世の中にはそんな会社、店、人が溢れています。

が、それは、いたずらにトラブルの原因を呼び込む行為でもあります。

収拾がつかなくなる一歩手前です。

だからあえて、逆を張った。これ、尊敬に値します。

再春館製薬所のやり方、考え方にはもちろん反発する向きもあるでしょう。
実際、「再春館製薬所のＣＭは嫌いだ！」という声も耳にすることがあります。
でも、私は思うんです。

人はそうそうストイックにはなれないし、徹底するのはかなり難しい。
つまりは、それをできる人がうらやましいということなんですね。
だからある種の嫉妬、ジェラシーからそれを嫌う。
妬まれてなんぼ。妬まれるくらい尖れば、それは勝利！

再春館製薬所は、それに気づかせてくれます。
あなたはどう思いますか？

09

批判されてもいいじゃない。信念を貫くと理解者が増えていく。

大分郷土料理とど女将

東京の赤坂見附、以前は料亭がズラリと並ぶ、政治家御用達だった場所に、新宿から店を移して数年の、大分郷土料理の店があります。

その名も「とど」。

私が大好きな〝りゅうきゅう〟という料理や、何十種類もの〝さつま揚げ〟、予約でしか味わえない〝貝鍋〟など、まさに絶品としか言いようのない料理のオンパレード。

りゅうきゅうというのは、沖縄の琉球ではなく、いわゆる〝魚の切り身の胡麻醤油漬け〟で、私が日本一のつまみと呼んでいるものです。

過去に案内した知り合いは、全員が大ファンになっている、そんなお店です。

この「とど」ですが、女将の意思により、これまた実にストイックな、何とも不思議なシステムが採用されているんです。

それは〝料理のオーダーは、必ず女将自らが受ける〟というもの。

言い換えると、〝女将以外は料理のオーダーは受けない〟というシステムです。

ドリンクのオーダーは〝女将以外のスタッフも受ける〟んですが、〝料理のオーダーはすべて女将が席まで出向いて直接受ける〟というシステムです。

分かりづらいと思うので、もう少し具体的に説明します。

お店には女将以外にも数人の女性スタッフがいます。

そこでたとえば、お客さんが「ビール2本！」とその女性スタッフに声をかけます。

すると「はい！　ビール2本ですね！」とその女性スタッフは返事をして、ビールを届けてくれます。

ここまでは普通です。

次に、同じ女性スタッフに、「さつま揚げ盛り合わせ、頂戴！」と声をかけるとします。さつま揚げは定番メニューであり、との代表的なメニューです。すぐに受けてくれるはずですよね？

ですが、オーダーすると、「少々お待ちください」という返事が来て、ほどなく女将がやってくる。つまり、**〝料理のオーダーは、どんなに簡単なものでも、女将が直接受ける〟というシステム**なんです。

私も初めて訪問した際に、これを経験し、最初は少なからずムッとしたことがあります。

だってそうですよね。目の前に女性スタッフがいて、その人に料理を頼んでも聞いてくれず、ある意味、スルーされた後に、わざわざ女将がやってきて、同じことを繰り返さないといけない。普通、「面倒くせーなー」と感じたり、「無視かよ」と感じたりします。

ですが、実はこの仕組みを採用したのには、深い理由があったんです。

私はある時、女将にその理由を尋ねました。

女将から返ってきた答えは実に意外で、そして納得がいくものでした。

「マコトさん（彼女は私のことをこう呼んでくれます）。それ、よく訊かれるんだけど、簡単なことなのよ。**私はお客さんの様子とか、お連れの方との関係を見ながら、一番良い提案をしたいだけなの。**たとえばね、いつもは3人で来ていただいているお客さんが、いつもとは違う方を加えて、4人でお見えになったとするでしょ。するとそのおひとりを除いては、召し上がったことのある料理ばかりを食べることになるでしょ？　だから、そのあたりを聞き出して、これとこれを加えようか？　とか考えて提案をするわけ」

「あるいは、たくさん召し上がっていただいている方が、『もう1品！』とオーダーされる時、その料理の量が分からなかったら、食べすぎてしまったり、残さざるを得なかったりするでしょ？　それはお客さんもあまり気持ちよくないし、『えっ！　こんなにボリュームあったんだ』と納得いかなかったりする。だから、そんな時は単純にオーダーを受けず、たとえば**『どうしても召し上がりたいのでしたら量を半分で作らせましょうか？』**というご提案をする。それで万事収まるわけ」

「これはね、毎日の仕入れ状態を把握していて、厨房への指示が確実にできる私以外には無理なのよ！　だから、時々はお叱りを受けることも覚悟の上で、このやり方をさせていただいているの」

そんな答えでした。まさにストイック。ひたすらストイック。**口パクを徹頭徹尾拒否し続けた安室奈美恵にも通じる頑なさです。**ある意味、頑固と言っても良い。

先ほど話した通り、この方式には大きなリスクが伴います。要は「なんか、面倒くさい店だな、二度手間かけるなよ！」と思われかねないということです。

「なんでただ料理を頼むだけなのに、いちいち女将が出張って来るんだよ！　スタッフがいるんだからスタッフが受ければいいじゃないか！」

これは至極まっとうなご意見です。私自身、最初はそう感じましたから。

でも、どの女将には、その〝リスク〟と引き換えにしてでも守りたいものがあった。それは、お客さんにこの店を心から堪能して欲しいという思いです。

料理をどんどん頼まれればもちろん店は儲かりますよ。仕入れた食材も消費できるし、単にビジネスとしてとらえればそれでオーケーなわけです。

しかし、よくよく考えれば、そのまま放っておくと、結局のところ、せっかくの料理を最高の状態で味わっていただけなかったり、残されてしまったりもするんです。

その事実は、何となくボディブローのように効いてきて、リピートを妨げたり、あまり良くない評判につながったりするかもしれません。そう考えての苦渋の決断だったわけです。

実際、以前、何人かで伺った際に、女将から「〇〇って召し上がったこと無かったわよね？　少しだけ取ってあるから召し上がってみて！」と秘密の料理を出していただいたことがあります。一緒に伺ったメンバーの感激はひとしおでした。これこそが女将にしかできない心配り、采配です。

大事なことなので、強調します。

「リスクは分かっている。でも、自らが『こうあるべき』と信じた道のためには、リスクも甘んじて受容しよう」

これって、相当な覚悟を伴う決断です。人を、お客さんを、〝お客さん達〟とひとかたまりでとらえる〝チェーン店発想〟の対極にある、判断です。

ある意味、これこそが安室ｉｓｍかもしれませんね。

お客さん一人一人と向き合い、「これしかない」という提案をする。**この究極のアナログ発想こそが、今求められているのではないでしょうか？**

この考え方の基本は一対一発想です。人はすべて違う思いを抱えている。いえ、ひとりの中にも、色んな錯綜する思いがある。

「どんな気分で来ているか？　誰と来てくれているのか？」

それによって、求めるものは毎回変わります。本来、すべてのビジネスはそれを見極めようとするところから始まると思うんです。でも、多くの場合、それをしない。

人を塊で見て、属性でとらえて、一律に対応しようとする。

確かにその方が楽だし、効率も良いでしょう。

ですが、いつの間にか、人の気持ちが離れていく。そんなリスクも大きいわけです。

とどの女将は、そこに真っ向から切り込んでいます。

ストイックに、自らのこだわりを曲げません。

何が大事か？　そこだけを見ているんですね。

「一番、面倒で、手間のかかることを重要と決めた！」

ポイントはそこだと思うんです。

そのストイックさがとどの魅力であり、素晴らしさだと思うんですよ。

第4章

安室奈美恵は「曝け出さない」

ヴェールの向こうで、神格化を実現

安室奈美恵は、謎の存在でした。

言い換えれば、「寡黙」。

決してプライベートを切り売りせず、余計なことは語らず、周囲の気を引くような〝媚び〟は、一切見せませんでした。

つまり、曝《さら》け出さないのです。

常にヴェールの向こうから私達を見ていました。


このところ、SNSの普及もあり、誰もが簡単に、手軽に〝自分発信！〟ができてしまう時代になりました。一方では、そのことによって、多くのトラブルも生まれ、多くの悲劇もまた生まれてきました。

「見せなきゃいいのに……」と、私などは思うんですが、どうしても自分を知って欲しい、見せていないと不安で仕方がないという向きもあるようです。

「見せなきゃ、曝け出さなきゃいけないんですか？」

安室奈美恵は、その問いに対する明快な答えを、その生き方、態度で示してくれます。

「見せる必要なんて無いんだよ！　生き方で見せればそれでオーケー！」

そういうことだと思うんですよ。

安室の母親である平良恵美子さんの殺人事件が起こったのは、安室奈美恵がアイドルとして絶頂期にあった1999年3月17日のことです。

母親・平良恵美子さんを襲った義父の弟。母親を車で執拗にはね、その後、義父が電柱の影にかばうように移動させたところに、ナタで襲いかかるという凶悪な殺人事件でした。安室奈美恵の実母は病院へ搬送されますが、すぐに死亡が確認されました。

何とも陰惨な事件、正直、忘れ去ってしまいたいところです。

普通ならあれだけ注目を浴びた事件なので、安室奈美恵自身がメディアで語るということになるはずです。

世の中の風潮も、「人前に出てきて、自分の言葉で語って欲しい！」でしょう。

ですが、安室はそこを封印しました。

一切、自ら語ることをしませんでした。

だからこそ、いち早く鎮静化し、安室自身も現場復帰ができたのだと思うんです。

下手に語れば語るほど、次々に疑問の連鎖が起きます。

そして収拾がつかなくなる。

昨今、メディアを賑わし、大きな問題として広がっている事件は、すべて、「下手に語ったから……」ということを起点にしています。

でも、安室奈美恵は違います。

世の中の、そして世間の、「一体、彼女はどう思っているのか？　どう感じているのか？」という疑問を封殺しました。

結果、彼女の神秘性、カリスマ性は一層高まったのだと思うんです。
もちろん、賛否両論あるだろうし、どうやっても納得しない向きもあるでしょう。
ですが安室奈美恵は、私達に、「見せない」ことの正しさを教えてくれます。
さて、第4章では、「見せずに評価を得た何人かの女性」を取り上げています。
曝け出して、きつい思いをするか？
それとも、見せないことで神秘のヴェールを纏《まと》うか？
これ以降のエピソードを読んで、考えてみてくださいね。

10

最後まで素を見せなかったからこそ、伝説になった。

ZARD：坂井泉水《いずみ》

1980年代に圧倒的な人気を誇ったユニット、ZARDを知っていますか？

坂井泉水というヴォーカリストが詞を書き、その多くの作曲を織田哲郎さんが手掛けた、伝説のアーティストです。

『負けないで』や、『揺れる想い』などは、知らない人がいないだろうとすら思える大ヒット曲です。


このZARDはデビュー以来、基本的にマスコミの前に姿を現しませんでした。

そのため、「ZARDって実在するの？」とすら噂され、まさに神秘のヴェールに包まれ、それが逆にファンの関心を生み、ますます周囲からの注目を浴びるという結果になりました。


当時はまだ、今のようにSNSも盛んでなく、情報発信も、ファンクラブ通信のような紙媒体くらいしか無く、ファンが情報を得ようとすれば、テレビやラジオの番組か、あるいはコンサート・ライブに足を運ぶしかなかったんです。

ですがZARDはそのテレビ・ラジオ番組にすら出ない。

つまり情報が無い。

だからこそ、その希少感から神秘性に拍車がかかり、ますますカリスマ性が増していくという流れを生みました。

もちろんZARDは実在しましたし、ごく稀ではありますが、テレビ番組に出演したりもしました。

が、そんな場合もしっかりとしたバリューを持った音楽の専門番組であったり、きちんと取材をしてくれるドキュメンタリーだったりするわけで、少なくともバラエティなどの、言い方は難しいですが、ちゃらちゃらした番組は絶対に選びませんでした。

そして自らのスタイルで登場することを徹底し、ZARDの神秘性を崩すようなことは絶対にしなかったんです。

坂井泉水さんは、2007年5月、40歳という若さで、帰らぬ人となりました。子宮関連の病気、手術を経て、最終的には転落事故による脳挫傷という経緯ですが、真相は明らかになっていません。

その報に接した時、私も信じられず、号泣しました。
「ああ、これでいよいよ本物のZARDに触れる機会は永遠に失われたんだ」と思うと、何日もの間、喪失感に苛まれたものです。

さて、本題です。
坂井さんは自分を出さない人でした。
おそらく、**自分を出す行為はすべて詞と歌の世界の中だけ。**
そう決めていたのでしょうね。
だから一切、プライベートの切り売りもしなかったし、見せようともしなかった。
それがいまだに、秘密のヴェールを纏った存在にしていると思うんです。

切り売りはタコが自らの足を食べるような行為です。
切って売る、切って売るの繰り返しの果てに、行きつくところは自死です。
食べる足が無くなれば胴体を食べるしかなくなる。
つまりは自分の命と引き換えの、寿命を減じるだけの行為です。

坂井さんを見ていれば分かる通り、**自らを切り売りしないどころか、逆に見せないことが、本当の価値を作るのだと思います。**

切り売りをせず、〝らしい道〟を歩いていけば、周囲は勝手に関心を持ってくれます。

2016年には東京、大阪で、ZARD追悼ライブが全3公演開催され、6500人を動員しました。

坂井さんの歌声と映像がバンドの生演奏とシンクロし、臨場感に満ちたステージを展開するこのライブ「What a beautiful memory」は2007〜2009年、そしてグループ結成20周年の2011年に行われて以来、実に5年ぶりの開催。チケットは全公演完売となり、変わることのないZARDの人気の高さを見せつけました。

最終公演が行われた5月27日は、坂井さんの9回目の命日。会場には献花台も設けられ、思い思いの花束を手にしたファンの列は途切れることなく続きます。この日はチケットを持たないファンも多く、開場後にも周辺で献花台を撮影する人、献花後に駅に向かう人の姿も多く見られました。

坂井泉水さんの死後、区切りの年には必ずと言って良いほど、ファンや元関係者が企画した〝偲ぶ会〟が全国で執り行われ、ZARDに想いを向けます。ニュースなどでも取り上げられ、結局、注目を集めてしまう。これもZARDがちゃらちゃらと人前に出ず、歩くべき道だけを選んで、常にヴェールの向こうに居続けたからこその現象だと思うんです。

誰でも本業に行き詰まることはあるでしょう。何とかして周囲の目を惹きたい、忘れられたくない。そう思うのも仕方がないでしょう。

ですがその時、自分の隠しておくべきものまで曝け出してはいけないと思うんです。
隠してこそ、ヴェールの向こうにあってこそ価値があるものもある。
出せば出すほど、見せれば見せるほど、価値は下がり、ファンは飽きる。

ZARDと安室奈美恵はとてもよく似ています。いえ、年代的に言えば、安室奈美恵がZARDに似ているのかもしれません。

素を見せず、余計な詮索をされる情報をあえて発せず、いつもヴェールの向こうにいる。そのことが希少性という価値を生み出し、手が届きそうで届かない気持ちにさせる。

これこそが安室ismとも言えます。

曝け出すことは簡単です。
ですが見せればそれで終わり。
余韻も、恥じらいもすべて無くなる。
そしてそれは失くしたら終わりなんです。

素を出したくなることもあるでしょう。
見られていないと不安、そんな時もあるでしょう。

でもそれは、やっぱり違う。

「本物のスターは、ファンに飢餓意識すら持たせるものである」

坂井泉水は、安室奈美恵の姿と行動を通して、私達にそれを気づかせてくれます。

安室奈美恵、坂井泉水。

日本を代表する2人の女性アーティストが共に、素を見せない存在であることがこのことの大切さを物語っていると思うんです。

11

私生活を見せないからこそ、スターであり続ける。

別府、ヒットパレーダース・ヴォーカル：サンディヴェールの向こうにいると、神秘性が増し、カリスマ的な魅力が増幅する。

先ほど、そんなお話をしました。

そう、何でもかんでも曝け出すよりも、**見せない方が価値が大きくなる場合がある**ということなんですね。


さて、九州は大分県別府市に「ヒットパレードクラブ」という素晴らしいライブハウスがあります。

この店、相当な歴史を誇るライブハウスで、1950~60年代を中心としたポップスを、生バンドが演奏し、それを楽しみながら食事やお酒の時間に浸り、興に入ればフロアで踊れるという店。

全国からお客さんがやってくるというかなりの人気店です。

ヒットパレードクラブは、今のような隆盛に至るまでに幾多の本当に大きな試練を経ています。

1988年6月1日にオープンした「音楽博物館ヒットパレードクラブ」。

2014年1月には運営会社の経営難により突然の閉店をせざるを得なくなってしまいました。

名残を惜しむ多くの方々の声に応えてわずか3ヶ月も経たずに2014年4月2日には新しい運営会社により営業が再開。

多くのお客さんの応援によって大きな危機を乗り越え、オールディーズの殿堂として勢いを取り戻し、再開。

あっという間に人気を取り戻します。

ですが、3周年を過ぎた矢先の2017年4月23日、原因不明の火事により全焼。

ステージや客席のみだけでなく大切な思い出が詰まった衣装や楽器、写真やパソコンまでも、すべて無惨に燃やし尽くされ、全部無くなりました。

そんな、誰もがあきらめてしまう状況にもかかわらず、周囲の協力もあり、不死鳥のように復活。

だからこそ、こんな押しも押されもしない人気店になれたのだと思います。

そんな強烈なエピソードを持つ、このヒットパレードクラブのステージで、連日熱い演奏を見せてくれるのが、この店のハウスレギュラーバンド、「ヒットパレーダース」です。

ヒットパレーダースには男女のヴォーカルがいます。

歴代、男性ヴォーカルはリーゼントでヘアスタイルを固め、古き良き時代のロックンロール＝ロカビリーやバラードを歌います。

女性ヴォーカルは多い場合は2人、通常はひとりで国内外の女性ヴォーカルが歌った名曲を哀愁と愛嬌を込めて歌います。

ステージで踊り歌うヴォーカリストの振りを真似て、お客さんも一緒に踊ります。この時間がヒットパレードクラブの一番の売り物、盛り上がる時間でもあります。

さて、このヒットパレーダースにサンディという女性ヴォーカルがいます。

サンディ＝まさに明るい太陽のような笑顔が売り物の、実に魅力的な女性です。もちろん歌の実力も折り紙付き。どんな曲でも歌いこなすし、このサンディのファンもたくさんいるようです。

このサンディ。

ステージ上では常にポニーテイルでひらひらの落下傘スカート。

衣装を替えても、基本のこのスタイルは変わりません。

お客さんの前に立つ時はいつも、サンディという、ステージに立つひとりのヴォーカリストとしての自分を見せることを徹底しています。

テレビや映画の世界ではなく、リアルでバンドを見られる生演奏。

ステージまでの距離も近く、手を伸ばせば触れることのできる距離に、憧れのサンディはいつもいます。


毎日、数回のステージが終わるごとにサンディは客席に足を運びます。

そしてお客さんと会話をし、仲よくなります。

一日のステージが終わると、バンドメンバーは店の入り口に立ち、後ろ髪を引かれる思いで去るお客さんに挨拶をします。

深夜12時、ラストステージが終わった後は店の入り口で、バンドメンバーがお客さんを見送るのが恒例になっています。

今や、ヒットパレードクラブ名物となったお見送りはバンドメンバーの発案で始めたものでした。旅芸人一座の公演を観に行った時、会場の入り口で演者さんがお客さんを見送るのを見て、**「こんなにお客さんが喜んでくださるなら、自分達もやってみよう」**と提案したのです。

それから20年間、お見送りは毎日行われています。バンドメンバーは一人一人に割引チケットを手渡しながら「また遊びに来てくださいね」と声をかけます。

お客さんに近づきすぎるのはどうなのか？　そんな意見もあるでしょう。ですがこの儀式は、地元のスターであるサンディを、心の中のスターのまま持ち帰ってもらうためのものだと私は思うんです。要は余韻ですね。

見せすぎはやはり軽くなる。サンディはおそらくそれを知っています。安室奈美恵が素を見せなかったことを意識しているとは思いませんが、いつも少しだけ後ろ側にいるんです。

お客さんにとっては憧れの地元スターと触れ合える好機。握手をしたり、一緒に写真を撮ったり、プレゼントを渡したり……。楽しかったライブパフォーマンスの感動をここで最大限にふくらませて帰路につきます。

バンドメンバーとお客さんとの距離がぐっと縮まる瞬間です。

ですがここでもサンディはプロとしての笑みを保ち、決して、素を見せません。あくまでも、映画で言う銀幕ならぬ、ステージの上に立つスターの位置を崩さないのです。

ここで気を緩めて、素を見せてしまっては、地元のスターが、近所のお姉さんになってしまうからです。

かの天才作詞家で、私の心の師である阿久悠先生は、スターの条件を、**「手の届きそうな高嶺の花か、手の届かない隣のみよちゃんか」**と喝破しました。

まさにサンディは、手の届きそうな高嶺の花であり続けています。

いつも地元のお客さんが憧れるステージの上のサンディであり続けるのです。

バンドメンバーは一般的に、お客さんとの接点を増やそうとします。

イベントをやって触れ合ったり、交流をしたりします。

そしてややもするとプライベート＝素を見せ、私服や、ステージとは異なるメイクで人前に出たりします。

でも、サンディは違います。

どんな場面でも、ステージの上にいるヒットパレーダースのサンディとして人前に現れるのです。

だからこそ、サンディは地元の著名人として、憧れの女性ヴォーカルとしてヒットパレードクラブに君臨しているのです。

12

覆面だからこそ、謎が深まる。

黒崎視音さん

黒崎視音さんという小説家がいます。

「視音」と書いて「みお」と読みます。

いわゆる覆面作家で、男性か女性かも分かりません。

私は『警視庁心理捜査官』シリーズで初めて黒崎さんを知り、以降、全作品を読んでいます。

黒崎視音さんの作品は、小説家としてはまだまだ多い方ではありません。

ですが、どれも、実に面白い。


黒崎さんの作品は、次の通りです。

『警視庁心理捜査官』(2000年12月 徳間書店)
『六機の特殊』(2002年8月 徳間書店)
『警視庁心理捜査官【上・下】』(2004年2月 徳間文庫)
『六機の特殊 警視庁特殊部隊』(2005年4月 徳間文庫)
『KEEP OUT 警視庁心理捜査官』(2010年7月 徳間文庫)

『六機の特殊2 蒼白の仮面』(2011年11月 徳間書店)
『六機の特殊2 蒼白の仮面』(2012年10月 徳間文庫)
『公安捜査官柳原明日香 女狐』(2013年2月 徳間文庫)
『捜査一課係長柳原明日香』(2013年10月 徳間文庫)
『現着 警視庁心理捜査官 KEEP OUT II』(2016年2月 徳間文庫)

テレビドラマ化された作品もありますね。今や、押しも押されもしない人気作家です。

警察小説の世界には、多くの名人・巨匠がいます。

それぞれ、実に個性的でエンターテインメント性も抜群。

面白いとしか言いようのない作品が溢れていますが、私は黒崎さんの作品が好き。

黒崎さんの作品には、実に魅力的な女性キャラが登場します。

『警視庁心理捜査官』シリーズの柳原明日香、吉村爽子、どちらも本当に魅力的で、どの作品もハラハラドキドキ。

どちらかというと、柳原明日香が吉村爽子を育てるという感じの作品が多いですが、その意味では、爽子の成長物語とも言える側面があり、また、爽子の上司に当たる明日香の、自分探し物語でもある。

私はそのように読んでいますが、ここでネタばらしをするつもりもないので、興味のある方はぜひ読んでみてください。

その深さと迫力、描写の精緻さに圧倒されるはずです。

ここから本題です。

黒崎視音さんは、先述の通り、性別も分からない覆面作家。

そして、吉村爽子、柳原明日香という、実に魅力的なキャラクターを登場させ、描き切っています。

私は男性なので、女性心理の深いところはもちろん分かりませんが、この2人の心理描写や、掛け合いのフレーズなどを読んでいると、「いや〜、女性って面白いな！」と感じてしまいます。

そのため、黒崎視音さんは女性なのかな？　と思ってしまったりするわけです。

でも一方で、「いや、待てよ！」とも思うんです。

男性作家なのに、女性よりも女性の気持ちに精通している作家さん、いるよな？

女性以上に女性を書ける男性作家、いるよな？

だとすれば、黒崎視音さんって、男性なのかも？　と思ってしまったりもするわけです。

黒崎視音さんの書く小説は、基本的に警察を舞台にしたもの。

ですが、黒崎視音さんの経歴には、警察に属していたという記述は一切ありません。

性別すら公開していないのですから、当然かもしれませんが、これもモヤモヤする部分です。

そうは言ってもここまで詳細に、リアルに描けるのだから、何らかの形で過去に警察に関係していたのだろうなと、ひとり納得するわけです。

しかし、巻末をふと見ると、参考文献がたくさん挙げてあります。

「あれ？　やっぱり全部、リサーチとか取材の成果なのか？」とまた戻ってしまう。

黒崎視音さん、とても意地悪です。


そこでまた考えをめぐらせる。

作家って、顔が知られていると、作品を読んでも、何となく、どことなく登場人物が、その作家の顔になったりしませんか？


ひとつの例で言えば、大沢在昌先生の『新宿鮫』シリーズ。主人公の鮫島は、私の中では、最初からずっと大沢先生のビジュアルです。

映画やテレビドラマでは、何人かの役者さんが鮫島を演じていますが、私の中では、ずっと鮫島＝大沢先生なんですよ。

森博嗣先生の、『S&M』シリーズの、犀川先生は、僕の中ではずっと森先生そのものです。そのイメージで読んでしまう。

そういう意味では、作家が諸々を見せてしまうと、読者に対して、ある意味、余計な縛りを与えてしまうという側面もあるのだろうと思うわけです。言い換えると、軽く見られる面もあるのかな？　と思ってしまう。

これ、安室：ｉｓｍからは離れます。決して良いこととは思えないんです。

そして、黒崎視音さんは、あえて、自らを覆面にしている、見えなくしているのではないか？

そう勘繰りたくもなるわけです。

そのことによって、小説の登場人物が謎の存在になる。

だからこそ、読者のイマジネーションは大きくふくらみ、果てしなく翼を広げる。

読み手のイマジネーションを刺激しながら、自在に読み取ってもらう、感じてもらう。

それが黒崎視音さんの狙いだとしたら、それは見事に的中しているのです。

少し前の項でもお話ししましたが、今はいくらでも自分を曝け出せる時代です。そのためのインフラ、ツールもいくらでもそろっています。

だからこそ、この黒崎視音さんのように、**見せない魅力、出さない覚悟が、商品に一層の価値を与える**というのが私の考えです。

第5章

安室奈美恵は「同性に支持」される

女性としての生き様を見せる

もう、これは間違いないと思うんですが、**女性に支持されない女性は人気者にはなれません。**逆に、敵に回すとこれほどやっかいなものはないという存在が女性です。

「アムラー」という言葉が、一時、世間を席巻しました。

この言葉は、安室奈美恵人気のひとつの象徴でした。

安室奈美恵を愛し、憧れる女子たちの共通項でした。

つまり、安室奈美恵の同性からの愛され度合いがこの言葉に化体しているのです。

では、安室奈美恵が、女性達から圧倒的な支持を得たのはどうしてか？

それは第4章にも書いた通り、世の中に、そして何よりも男性に媚びなかったからだと思うんですよ。

女子には女子のやり方があり、女子には女子の生き方があり、それは決して、男に迎合して生きることとは違うんだ！　ということを安室は見せてくれます。

そんな中で、でもやっぱり女としての幸せも求める。

そうした、心に固く纏った鎧《よろい》のちょっとした隙間から垣間見える、女としての可愛さもまた、安室奈美恵の魅力であり、女子からの共感を得るポイントでもあると思うんです。

女性って、意外なほど、男性を意識します。
でもそれは当たり前すぎて、最早陳腐。

面白くも何ともない。

ですが、女性が女性のことを考え、その女性の役に立ちたいと思えば、女性のことを一番分かっているだけに、切れ味鋭い発想と行動ができると思うんです。

第5章では、女性を意識して見事な成果につなげている〝女性〟の考えや行動を通して、同性に好かれる秘訣のようなものを探っていきたいと思います。

13

女性ならではのアイディア力こそ、徹底的に女性を応援できる。

大阪、サンプレイン長堀女将：佐藤可奈さん

大阪は心斎橋に近い長堀橋という場所に、実にユニークなカプセルホテルがあります。

カプセルホテルと聞けば、普通は男性専用をイメージしますよね？

ですが、この「サンプレイン長堀」は、女性も気軽に使えるカプセルホテルなんです。


ホテルを取り仕切る場合、一般的には支配人と呼ばれますが、このサンプレイン長堀の佐藤可奈さんは、「女将」と呼ばれています。

日本で唯一のカプセルホテルの女将です。


先代から経営を引き継ぎ、旧態依然としたシステムだったこのサンプレイン長堀を、次々に改革しています。

女性ならではの視点で、２０１１年には女性専用のカプセルフロアを開設しました。細やかな気配りで、女性にも利用しやすいカプセルホテルとして人気です。

このサンプレイン長堀は、「女性専用フロアあり」とハッキリ謳っています。

また、女性専用フロアにはセキュリティキーのある扉をつけていますので、男性のお客さんは入れないという特徴もあります。

さて、可奈女将のご挨拶を聞いてみましょう。

＊＊＊

はじめまして、当ホテルの女将、可奈です。

ホテルなので支配人と呼ぶのが相当なのかもしれませんが、らしくないので「女将」と呼んでいただいております。

カプセルホテルと言えば、男性中心のサービスでしたが、女性ならではの視点を活かし、男性にも女性にも快適であることを第一にしています。

高級旅館や一流ホテルには到底及びませんが、「宿泊費を抑えた分、快適な旅行になったわ〜」そう言っていただけるのが本望。

ホテル内での宿泊だけでなく、快適な旅行になりますよう、お客様のお世話係に努めたい。

それが私の想いであり、サンプレイン長堀のコンセプトでもあります。

カプセルフロアーの奥にシャワーブースもあり、脱衣所から個室ですので、プライバシーが守られます。

＊＊＊

以前と違って女性も非常にアクティブになり、仕事でひとりで出張に行くことも多くなっています。

ですが、まだまだ一般的に宿泊代は高く、安いところを探すと、女性はとても安心して泊まれないような、困った感じの施設が多い。それが現実です。

そこで、可奈さんは自らの経験値も活かしつつ、**「どうすれば女性に安心して使ってもらえるのか？」**を考え、少しずつですが、着々と手を打っています。

何よりも、先ほど話した通り、セキュリティを重視。

もともと、一般的なカプセルホテルとして作られていた建物ですから、そうそう大きな工事もできません。巨額の投資も必要になります。

しかし、女性特有のちょっとした、気の利いた工夫はできる。それが可奈さんの真骨頂です。

可奈さんはこう続けます。

＊＊＊

ホテルを探している時にレディースフロアっていうプランがあるの、見たことありますか？

この「レディースフロア」って、その名の通り、その階のお部屋に泊まれるお客さまは女性のみのフロアのことです。そしてこのレディースフロア、ホテルによって仕様がちょっと違っています。その階が女性のみというのは同じですが、セキュリティのために、エレベーターを降りたところに鍵がないと入れない扉があるところと無いところがあります。

「レディースフロアは女性しか泊まれないのは分かったけど、別にお部屋に鍵も付いてるし、レディースフロアでなくてもいいんじゃない？」

そう思う部分も絶対ありますよね？

部屋に鍵が付いているから、いったん部屋に入ってしまえば安心かもしれません。

ですが、やっぱり廊下で男性とすれ違ったり、扉を開けた時にたまたま部屋の前を男性が通り過ぎる時、うっかり部屋の中を覗かれちゃうかもしれません。

しかもそのすれ違う男性の方達は知らない人達なんですよ。

そう思うと、フロア全体が女性しかいないのはやっぱり安心ですよね。

要チェックなのは、そのレディースフロアにちゃんとセキュリティ扉があるかどうか……。ここはしっかりチェックしてください。万が一にも男性の方がふら〜っと入ってくるようなことがあっては大変です。

あっ！　もちろん当サンプレイン長堀はセキュリティ扉があって安心して過ごしていただけます。

そういった時にできるだけ安価で安全に泊まってもらえるホテルというところでは非常に役に立っているんじゃないかと思います。

＊　＊　＊

可奈さんは女性です。

そして自らのホテル体験も活かして、女性目線で、女性のための手を打っています。

そうした、**女性による女性目線が、女性に愛されるホテルを作っていく**のだと思うんです。

男性が女性の気持ちになっても、所詮、限界があります。だからこそ、女性目線を尖らせて、徹底して女性に目を向ける！　そんな可奈さんのような存在が、カプセルホテル自体の価値を変えて行くとも思うんです。

この本気の女性目線こそ、安室ｉｓｍです。女性に好かれないビジネスは苦戦します。

可奈さんはそこに目を向けたのです。

だからこそ、女性のお客さんも増え、納得し、結果リピーターになっていく。

そしてそのリピーターは、同じ女性で宿泊先を探している相手に、サンプレインを薦めます。

そうしてお客さんが増えていくんです。

可奈さんは趣味で、フラメンコダンスをやっています。

私も見せていただいたことがありますが、実に情熱的な踊りです。

その情熱を持って、可奈さんはこれからも次々と、しかも細やかな施策を打っていくと信じています。

14

自分が辛かったからこそ、
女性の気持ちに
寄り添えるんです。

ライフコーチ：奥山美樹さん

宮城県仙台市を中心に活躍する、奥山美樹さんという女性ライフコーチがいます。悩める女性たちにアドバイスをし、良い方向に導いていく仕事です。

彼女のコーチングの特徴は、圧倒的に女性に支持されること。

その理由は、彼女がこの仕事を始めたルーツにありました。

美樹さんは、自分自身が結婚し、出産をし、その後の育児を通して、多くの悩み・苦しみに直面したことで、自ら、あるカウンセリングを受けました。

その中で、自分を理解してくれる人がいることの大切さやありがたさ、本質的な悩みや、表面的でない、心の深い部分と向き合うことの重要さを自ら痛感します。

以降、一念発起した彼女は、カウンセリングやセラピー、スピリチュアルなどを精力的に学び、そこで身につけた心理カウンセリングをベースにしたヒプノセラピー、フラワーエッセンス、スピリチュアルを取り入れた独特の手法を駆使するセラピストとして活動。

自身、3人のお子さんを育てながら、自宅サロンやイベントのブースなどで女性＝ママ達の悩み、心の叫びに耳を傾け続けています。

美樹さん、実は離婚を経験しています。それまで、平凡ではあっても、それなりに幸せと呼べる生活を送っていましたが、今のパートナーと出会うことで、自分の中にある「真の想い」に気づき、離婚を決断します。

離婚をすることは、ある意味、すべてを捨て、失うこと。

もちろん辛いことだし、一時は、心も体もボロボロになりました。

ですが、ひとりの女性として、自分と同じような、似たような経験をしていたり、悩みのさなかにあったりする人達に、自分の経験を活かしたアドバイスをしたい、**その一心で耐え抜き、偉そうな〝先生〟ではなく、ひとりの〝同じ目線に立つ女性〟として、ゼロからの再スタートを切ります。**

彼女のセッションは、〝癒し〟がメインです。これは、辛かった頃の自分が一番求めていたもので、一般常識や通念という、女性を縛るやり方から抜け出し、女性＝ママ達に自分らしさを見つけて欲しいという思いからです。

最近は、女性達が集まり、知恵を出し合い、力を寄せ合う、そんな〝場〟、つまりコミュニティを作りたいと、ライフコーチングを中心にしたコミュニティ作りにシフトチェンジ。

恋愛・結婚生活・不倫・性生活の問題、自立するための起業に関する相談を中心に、女性達の悩みを聴き、共に乗り越え、真に望む人生へとシフトするためのセッションを提供し続けています。

拠点は宮城県仙台市ですが、東京と仙台を行き来する全国出張型を展開、

【理想の人生を実現する方法】
【人生を創造する上で大切なマインドセット】
【ひとりの女性として輝き続ける生き方】

などを、マンツーマンセッションやセミナーを通して伝えています。

最近では、セラピストやカウンセラーなど、人と向き合うことを仕事にしている人達＝プロ向けに、収入を大きくアップさせる〝起業コンサルティング〟を行い、わずか2ヶ月で前年度の5倍の売上を達成させるなどの実績を上げています。

女性が起業するとどうしても、「男性に負けたくない」「やっぱり女性だからと言われたくない」と力んでしまい、無理を重ねるケースも多い。

でもそれは間違いだと美樹さんは言います。

あくまでも、**女性らしさを失うことなく、パートナーや家族と良い関係を築きながらビジネスにおいても最高の結果を出していく、という独自のスタイル**が、女性達の支持を得ているのでしょうね。

女性の気持ちは女性が一番分かります。分かるからこそ支持も受けるし、頼りにもされる。美樹さんも、女性に慕われる女性の条件をしっかりと満たしているんですね。

また、別の活動として、パートナーと一緒に、パートナーシップについてのセミナーなども行い、多くの女性を不自由な人生から解放し、魅力的で自立した女性達を輩出するための幅広い活動を展開しています。

離れて住む子供達とも、決して疎遠にならず、互いに行き来したり、共に海外へ行ったりしながら、良い関係を築き、「妻」や「母」という役割に縛られないひとりの女性としての自由な生き方を、自身の人生を通して提案しています。

こうした姿勢も、女性に信頼される要素です。まさに安室ｉｓｍ。子供を大切にすることが、同じママ達の共感を得ているのでしょうね。

彼女の夢は、ありのままの魅力を世界に向けて表現し、輝きながら自立して生きる女性ライフコーチを、日本全国に輩出すること。女性として生まれたことを心から喜び感謝できる、一生の仲間に出逢える、そんなコミュニティを世界に提供すること。その夢に向かって、美樹さん、まっしぐら。

女性として、母として、同じ悩みを共有できる相手としっかり向き合う。お金や名誉のために、易きに流れない。

この強さこそが、本物のファンを作る圧倒的な人気の秘訣だと私は思います。

第6章

安室奈美恵は「母」である

「母」としての姿を「前面に」

「子供のために夜と週末は仕事をしない」

この言葉が、安室奈美恵の子供に向ける思いをすべて表しています。

安室はシングルマザーで、離婚後一度は元夫のSAMさんが親権を持ちましたが、2005年には安室さんに親権が移りました。その後、超多忙なスケジュールでありながらも、息子さんの学校行事にはできる限り参加し、コンサートがない日は午後6時以降は仕事を入れず、息子さんとの時間を大切にしています。

土日や午後6時以降には仕事を入れない、長期間のライブツアー後は、連休をとり、必ず息子さんと旅行に行くなど、子供とのコミュニケーションには徹底的に気を使っています。また、息子さんが顔出しされれば裁判を起こすなど、必死になって安室奈美恵は息子さんを守ります。

「歌うことは息子を守ること、それが生きがいです」とも話しています。

世の女性達から母性が薄れてきている、という話題をよく耳にします。確かに、到底、母親とは思えないような事件を起こす女性もいます。

ですが、**やはり母性は不滅。母は子供に愛情を注ぐのです。**

安室奈美恵は、そうした**ママ達のシンボル**でもあります。家庭を顧みず、家庭を捨て、夫を捨て、仕事に生きる女性もいるでしょう。男性のために生きる人もいるでしょう。ですが、やはり、母は子を思うのです。冒頭に挙げた安室奈美恵が見せる母としての姿、考え方は、だからママ達の胸を打ち、共感を呼ぶのです。

ひょっとすると、家庭的であるとか、子供想いというキーワードは、アーティストとしてはマイナスの概念かもしれません。ですが、安室奈美恵は、明快にそれを逆手にとります。そこには躊躇など無いんです。

そのストレートで真摯で、曇りのない姿に、ママ達は〝仲間〟〝同志〟としての目を向けるのでしょう。

15

ママの気持ちが分からない
エステオーナーなんて、
包丁を使えない料理人
みたいなものだ。

ダオルメディカルジャパン株式会社代表：高見澤千晶さん

東京都墨田区両国。
大相撲で有名なこの街に、小さなエステティックサロン、「ラ・セラピス」がありま
す。
このお店は、ダオルメディカルジャパン株式会社の高見澤千晶さんが、数人のスタッ
フと共に、始めた店。
いつも予約のお客さんで賑わっています。

私にはある強烈な記憶があります。
ある日、私がコンサルティングのためにその店に入ると、たまたまお客さんからの予
約電話が入った瞬間に遭遇しました。
電話のお相手は、初めてのお客さんらしく、電話を受けたスタッフから、千晶さんが
電話を代わり説明しています。
そこでほどなく、千晶さんの口からこんな言葉が飛び出しました。
「お子さん、連れてきてくださって大丈夫ですよ！　うちはママの目に入るところで遊

ばせますから大丈夫。私の娘も一緒に遊んでますから、安心してください！」

さて、このお店、そう言われれば確かに、千晶さんの長女、Sさんが、時々、学校帰りに遊びに来ています。

単に学校帰りに、ママが働く店に遊びに来ているだけなのだろうと思っていましたが、どうも違うらしい。

ある日、千晶さんに訊いてみました。彼女の答えはこうでした。

「子守りのために呼んでるの」

私は「え？　どういうこと？」と尋ね返しました。

彼女は続けます。

「お客さんの中には、小さなお子さんのいる方が結構多いんですよ。でね、エステでも託児部屋を用意しているところもあるんですけど、でも、完全に別の部屋に自分の子供がいる状態では、ママはとても心配なの。目に見えない場所だと、どんな状態に置かれているかが分からないとすごく心配。だからうちは施術中のママの視界に入る場所に、お子さんにいてもらうの。仮に施術中、目を閉じていても、子供の声とか気配が感じられるだけで、ママは安心するでしょ。実際、私自身がそうだったから。それで、娘が来られる時は店に呼んで、小さな子の相手をしてもらうわけ。子供に慣れていない独身スタッフがやるよりは、同年代の子が遊んであげてる方が全然安心できるでしょ。だから娘が来れる日に、お子さんのいるお客さんを優先的に入れるのよ」

私はぐうの音も出ませんでした。

千晶さんが発する言葉それ自体が、まさに〝エステに行きたいママの本音〟を代弁していたからです。

実際、この千晶システムとでも言うべき託児システムは、共感を呼びます。

「エステに行きたいけど、でも託児を受け入れてくれない」「別の部屋に預けている状態が、どことなく不安」というママの声を、まさに代弁しているんです。

このシステムは、その本質的な問題を、ズバリ！　一気に解消しました。素晴らしい発案だと思うんです。

まさに女性のことは女性が分かる！　ママのことはママに訊け！　ですね。

事実、この千晶システムを体験したママの多くは、お友達を紹介してくれます。

それはそうですよね？

ママ友や知り合いと話している時に、先ほどのような話題が出ることはあるでしょう。

そんな時、ラ・セラピスを経験したママは、間違いなく千晶システムのことを話します。

いや、話したくなるのです。そしてそれを聞いたママの反応も同様。

「NO！」という人はまずおらず、相当高い確率で行ってみたくなるはずです。

そして経験すればするほど、知り合いや友達に教えたくなる。

そんな連鎖が生まれるはずなんです。

これこそが、安室ｉｓｍの発露。ママ達に受け入れられる秘訣だと思うんです。

もちろん、娘さんがいつもいるわけにはいかないし、彼女も大きくなれば、自分の用事も増え、店を離れる時もくるでしょう。

でも、この〝ママの本質的な心配ごと〟である、「子供を見えない場所にいさせたくない!」という思いに応える姿勢は、必ずお客さんに伝わります。

まさに千晶さん自身が、小さな子供を持つママだから、思いついた手法だし、その自らの体験・経験・悩みを、同じ悩みを持つ人へのプレゼントとした発想は見事です。

彼女の店の、表側の窓には、大きく、**「あなたにとって最後の一軒になりたい」**と書かれています。

これはもちろん、施術の技術もさることながら、エステサロンという業態がそもそも持っている「見えない不安」「本当に大丈夫なの?」という疑心暗鬼を招く体質に対し、「当店は信じていただいて大丈夫です。だって、ママの気持ちを熟知しているオーナーがやっている店ですから……」という、誇りとやる気の宣言だと思うんですよ。

両国という、決して立地的には恵まれていない場所で、毎日多くのお客さんに来ていただくことは、単に技術がすぐれているとか、価格が安いとか、そんな理由だけで実現できることではありません。

「自分がどうされたら嬉しいか？　どんな言葉をかけられたら嬉しかったか？　安心できたか？」

そこを徹底的に考える。

そして考えて答えが出たら、「どうすればそれを実現できるか？」をまた徹底して考える。

自分が正真正銘のママで、ママ達への思いをしっかりと抱いているということの証明が、この千晶システムだと思うんです。

安室奈美恵が、**ハッキリと「子供のために生きる！」**と宣言したことと共通します。

そうして、〝人から与えられたもの〟を、形を変えて別の人に渡していく。
まさにその〝気持ちよさのリレー〟こそが、こうした小さな名店を生み出し、リピートや口コミを生み出していくのです。

ママの気持ちを、不安を、一番分かるのはママ自身です。
そこを無視して、ママに愛されるビジネスなど、決して生まれません。

この店、今は新店長の土橋さんが采配を振っていますが、この基本姿勢は脈々と受け継がれていくと信じています。

16

子供を預かるんじゃない。
その先のママの気持ちを
預かるのだ。

学べる保育園 HUGキッズ主宰：北澤志保さん

女性の社会進出、働き方改革。

お題目を唱えるのは勝手ですが、実際はどうか？

離婚率は上がり、女性、特にシングルマザーが、働きに出なければいけない局面は理屈抜きに増えています。ですが、実態を見れば、お子さんを預けることひとつとってみても、女性に用意された環境は正直、まだまだ劣悪。

「保育園落ちた。日本死ね！」

この言葉を記憶している方も多いことでしょう。

あれ以降、女性を取り巻く環境や受け入れ態勢が改善されたという話を聞いたことがありません。

さて、そんな状況に業を煮やし、自ら保育園を立ち上げてしまった女性がいます。

大阪で、「学べる保育園ＨＵＧキッズ」を経営する北澤志保さん。

北澤園長は、1998年から、インターナショナルスクール、幼児教室、院内保育、認可外保育園など、幼児教育の現場でさまざまな環境のお子さんに携わってきました。
そんな中で、働くママ達に与えられた環境の劣悪さを知り、また、子供にとっての、幼少期の教育環境や大人との関わりの大切さ、「楽しく学ぶこと」の大切さを実感し、一念発起、金融機関に融資を働きかけ、大阪にHUGキッズをオープンさせました。ものすごいバイタリティです。

HUGキッズという園名は、子供たちを〝ハグする〟〝はぐくむ〟という思いを込めて名付けたもの。
北澤園長の考える**〝保育〟が、園児との距離を無くし、いつも〝ハグ〟しているイメージで行われることがよく伝わるネーミングです。**

北澤園長がHUGキッズを立ち上げる原動力となったのは、働くママ達を応援したい、という想いでした。

最初に話した通り、今、離婚率は上がり、シングルマザーが増えています。その数はこれからも減ることは無いでしょう。そして、離婚したママ達は子供を抱えて働かなくてはいけません。

ですが、ママ達がいくら働きたくても、いくら頑張ろうと思っても、子供を預ける先が無ければそれは形になりません。

まさに絵に描いた餅でしかない。それではダメです。

そんな状態で悩み、苦しんでいるママ達は、たくさんいます。北澤園長はそれを目の当たりにしてきました。

ママ達は場合によっては、あるいは、選んだ仕事によっては、夜の仕事、深夜の勤務もやむなしです。

そうなるとますます、お子さんを預かってくれる先が必要です。

しかし、深夜にまで子供を預かってくれる施設など、そうそうあるものではありません。

仮にあっても、高額なお金がかかることが多い。頑張って働いても、それでは何のために働いているのか？　本末転倒です。

そんな困り果てている、途方に暮れているママ達を何とか救えないだろうか？　と考えたのが北澤園長の〝思い〟のスタートでした。

ＨＵＧキッズのホームページにはこう書かれています。

＊＊＊

学べる保育園【ＨＵＧキッズ】は、小学校入学前のお子さまとそのご家族の暮らしをサポートするために生まれた保育・託児施設です。

お子さまが誕生しますと、その成長にともなってご家族のライフスタイルも常に変化していきます。

つきっきりでお世話が必要な時期や、子育てに少しゆとりができてママが仕事復帰をする時、兄弟が誕生する時……どんな時もお子さまのことを最優先に考えてあげたい、と言っても実践するのはなかなかに難しいことです。

子育て世代は働き盛りでもあります。育児と仕事と家事、すべてをバランスよく完璧にこなそうと思っても大変な時がありますね。そんな時、ご家族だけで無理をせずに、ぜひ私たちHUGキッズをご活用いただきたいと思います。

HUGキッズは、お子さまに家族の帰りを待たせるための場所ではありません。家族みんながのびのび成長するための場所です。

＊＊＊

どうですか？　ママ達の信頼を得そうな考え方ですよね？

また、HUGキッズは、就学前のお子さんを預かる保育・託児施設ですが、一般的な保育園・託児所ではあまり行われていない幼児教育にも力を入れています。

HUGキッズには多くの働くママ達が助けを求めてやってきます。相談ごとも多いでしょうし、リアルな悩みを打ち明けられることも多いでしょう。そこから受け取る素材をもとに、HUGキッズは新しく企画を発案します。

このママ目線こそが、安室ｉｓｍ。徹底してママを意識した考え方です。

保育園、幼稚園、託児所など、お子さまが幼児期を過ごす施設にはそれぞれ特色があり、教育格差があるとも言われています。

特に託児所ではきちんとした教育を受けられないのでは……と不安に思われる方も少なくないようです。

ですが、ＨＵＧキッズでは、基本的な幼児期の教育はもちろん、リトミックや英語といった習いごとにも挑戦できます。

お仕事で忙しいご家庭では、習いごとに通わせてあげたいけれど送迎の手間がネックで断念しているというお話をよく伺います。

ＨＵＧキッズでは、その送迎が必要ありません。送迎サービスまで始めてしまいました。ですから、お子さまをお預かりしながら、専門講師による習いごと教室に参加することが可能です。

さらに、習いごとの種類は豊富で、ご家族の皆さまにも楽しんでいただけるメニューが用意されています。

フラワーアレンジメント、ポーセラーツ、グルーデコ、料理など、お子さまはしっかりとお預かりした上での実施ですから、安心してゆったりと楽しんでいただけるのです。

オリジナルのキャラ弁〝HUG弁〟や、イベント、おけいこなど、次々に企画をし、実現していくHUGキッズ。

ママ向けの起業支援プロジェクトなどもHUGキッズの大きな特徴のひとつです。

忙しさの中に気分転換は必要です。大人にとっても教養や創造の時間は大切です。ご家族の笑顔と知的なまなざしに触れることで、お子さんも心豊かに成長していくことでしょう。

単に保育園という器を作るだけでなく、ママ達の実情を知り、次々に安心につながる手を打つ。

それこそがこうした保育園が本来目指すべき道であり、あるべき姿だと思うんです。

17

私は子供の手相を
見ているのではありません。
子供の心の声に
耳を澄ましているのです。

手相心理カウンセラー：國本ひろみさん

神戸に、國本ひろみさんというママがいます。
ママの強い味方です。

彼女は手相鑑定のスペシャリストです。
さて、あなたに質問です。手相と言えばどんなイメージを抱きますか？
どことなく、ちょっと怪しいイメージ、ありませんか？

なんか、煙《けむ》に巻かれるような印象があるのではないでしょうか？
私自身、実はそうでした。

ですが、國本さんと出会ってから、その考え方が大きく変化しました。
彼女は、手相という、ある種、怪しく見えかねないものを、親子の、いえ、家族のコミュニケーションツールとして確立してしまいました。

親が子供の内面を知る。その一点において、手相は効力を発揮します。

子供のことを知りたい、深く理解したい。そう願うママはたくさんいても、一体どうすればそれができるのかが、なかなか分からない。

子供に直接訊いたとしても、ボキャブラリーが少ないお子さんはなかなか伝えることができないでしょうし、親に向かって本音も言いにくいでしょう。

だからますます親子のギャップが大きくなり、結果、それがストレスになります。

しかし、國本さんはそこに切り込み、手相を、親子が、特にママの側が子供を理解するためのツールに仕立ててしまいました。

ママにとっての大きな、強い味方です。

國本さん自身も、お子さんを持つママ。

手相占いの世界でもキャリアたっぷり、とても信頼のおける方です。

だからこそ、ママの視点で、ママのための鑑定ができるのです。

彼女の最大の売り物が、先ほどからお話ししているお子さんの手相鑑定。

子育てで悩んでいるママ、自信を無くしているママに対して、お子さんの〝本当の気持ち〟を見つけるサポートをしています。

お子さんの手相を把握することで、「お子さんの隠れた一面、見えない長所、なかなか表に出さない本音」などが見えてきます。

子育てに自信を失っているママはたくさんいます。

そのママ達に國本さんは語りかけます。

「子育てに自信を無くしちゃう前に、お子さんの、〝ココロ〟を知って欲しい」

そう、この温かいママ目線、ママのために徹底して役に立ちたい！　この思いこそが安室・ｉｓｍの継承だとも思えるんです。

お子さんの本音、隠れた一面、見えない長所が見えれば、お子さんとの向き合い方もベストなものに近づくでしょうし、それをパパと共有することもできます。

他の家族とも共有ができます。

これまでは分からなかったお子さんの本音、気づかなかったお子さんの願いや悩み。

それが見えてくれば、お子さんへの対応も変わってきます。


お子さんの側からしても、「分かってくれている」「分かろうとしてくれている」という意識になり、ストレスも減るでしょうし、家族との心的距離も縮まります。

結果、家族関係がうまく回り始めるんですね。

これはとても重要です。


國本さんはさらに言います。

「自分だけで抱え込まず、先ずは、お子さんのことを理解した上で、向き合って欲しいですし、そのためにこそ、お子さんの手相を知って欲しいのです」

ちなみに、このお子さんの手相鑑定、「受けてみたいけど、面倒じゃないの？」、そう思いました？

でも大丈夫。

写メを撮って送るだけなので、どこにいても鑑定を受けられます。

國本ひろみさんの経験と知識がそれを可能にしてくれます。

國本さんは、占いの専門家を経て、親子関係と家族関係を円滑にする専門家として自らを位置付けています。

第7章

安室奈美恵は「セルフプロデュースの達人」である

アイドルを捨て、R&Bのカリスマに自ら転身

人は必ず変化します。
同じ位置に留まり続ける人なんていません。

その意味で、人は誰でも出世魚。
到達したステージごとに、最高の自分を見せ、伝える。

それができないとダメなんです。
ですが、できない人がほとんどです。
その持って行き方を間違えると、大きな失敗をしてしまうことにもなりかねません。

ある時期、「安室も終わったね」とささやかれたことがあります。
安室奈美恵は、そこで自らにエンドマークを出すことを拒みました。

その言葉を原動力として、それまでのアイドル歌手路線を一気に捨て、R&Bアーティストとしての道を歩き始めます。

安室奈美恵は「これが自分だ！」というものを、自らの見せ方で示し始めたのです。要は、自分自身をプロデュースしたんです。

そしていつしか、安室奈美恵のストイックなスタイルが認められ、新たなファンを獲得していきます。

ごまかしの無い、持っている実力一本で勝負する安室の姿が、新たなファンを続々と獲得していったんですね。

安室奈美恵は、R&Bアーティストとしての自分を確立させるため、過去のイメージを払拭しようと、音楽番組などテレビへの露出を極端に制限しました。

メディアに出てしゃべるということもしなくなりました。

毎年出演していた紅白歌合戦も、２００３年を最後に１度も出演していませんし、ＮＨＫ側からのオファーも、安室奈美恵自らが断っています（２０１７年には、ファイナル的な意味で出演しましたが、これは特例かと思います）。

イメージを変えたり、ゼロから作り上げたりするのは至難の業です。そうそうできるものではありません。

しかも、それを外圧（会社やプロデューサーの意向など）ではなく、自分の意志でやってのけることは本当に大変でしょう。

ですが、**安室奈美恵は腹をくくって、ある意味、人生を賭して、そこに挑んだ。自分自身が自分自身を変える、自分のための、自分だけの、自分が主役のプロジェクトです。**

そうした覚悟もまた、人の胸を打ちます。
人を惹きつけます。

第7章では、そうしたセルフプロデュースの達人から、正しい〝イメージの作り方〟を学んでみたいと思います。

18

経験という
最強の武器を手に、
自分を「なりたい自分」に
向けてプロデュースする。

シンガー・MILLY

私が大好きな女性シンガーがいます。

名前をＭＩＬＬＹ（ミリー）といいます。自らもシンガーミリーと名乗っています。

彼女は韓国人の母親と日本人の父親の間に生まれました。

九州で歌の修業を重ね、数年前に東京に出てきて、あるライブハウスのレギュラーバンドのヴォーカルとしてその歌声を聴かせてくれています。

彼女の歌を初めて聴いてから、かれこれ２年くらいになるでしょうか。

初めての彼女の歌は、正直、衝撃でした。

現在（２０１８年７月時点）は、東京・新宿のライブハウスで、レギュラーバンドのヴォーカルとして連日、ステージに立っています。

歌のうまさ、声の素晴らしさもさることながら、そのルックスを存分に活かしたダイナミックな動きも彼女の持ち味。**歌とビジュアル、両面で魅せてくれます。**

小さい頃、ダンスを学んでいたそうで、指の先まで神経の行き届いた動きは、美しいとしか言いようがないものです。

彼女のステージの魅力に、レギュラーのお客さんも増え、たまに他の店に出演する際にも、多くのお客さんが応援に来てくれます。

さて、今の彼女を作ったのは、実は〝セルフプロデュース力〟だと思うんです。

彼女の経歴をちょっとだけ覗いてみましょう。

＊＊＊

13歳で、単身外国カナダへ留学。ひとりで生活をしながら英語を勉強。

その後、日本に帰国し、福岡市内のクラブを中心に17歳から本格的にソロシンガーとして活動を始める。

元来、洋楽好きなこともあり、BLACK MUSIC（R&B.SOUL など）をさらに学び、極めたいと22歳になってすぐ単身渡米。

ロサンゼルスで勉強し大規模な野外イベントにて飛び入りで歌を披露し、たくさんの現地のお客さんに称賛され、ニューヨークで数々のMUSIC BARのオープンマイクとしてひとり歌い歩いた。その傍らBARで毎晩グランドピアノの音色と共に歌をお客さんへ披露し続けた。

＊＊＊

なかなかにアグレッシブですね（笑）。

このアグレッシブさで、経験という価値を積み、セルフプロデュースに徹した結果、ミリーの今（まだまだ発展途上ですが）があります。

ミリーは英語が堪能です。

このライブハウス、洋楽がメインです。もちろん日本語の曲もやるんですが、英語の曲がほとんど。

そういう店なので、外国人のお客さんも多い。

そのため、英語の発音の正確性が極めて重要になります。

私は以前、この店の別の女性ヴォーカルと話をしたことがあるんですが、外国人客の多い日は、とても緊張すると言っていました。「自分の発音で通じるのか？」と萎縮しちゃうんですね。

ですがミリーは違います。

英語の発音も完璧なので、外国人のお客さんが多くても、臆することなく歌える。それどころかステージ上から英語で外国人客に話しかけたりします。それにつられて、外国人のお客さんもますますノリが良くなる……ということなんです。

たまたま、ミリーが歌う、ホイットニー・ヒューストンのバラードで、それまで呑んで騒いでいた外国人のグループがいつの間にか静かになり、彼女の歌に聴き入り、結果、スタンディングオベーションを贈ってくれたシーンを目の当たりにしたことがあります。

これも彼女の言葉がきちんと届いたからだと思うんです。

英語ができなければ伝わらない。

そう、彼女にとって、英語を使いこなすことは、歌で思いを伝えるために、絶対に避けては通れない道、セルフプロデュースの一環だったわけです。

自分の売り物をコレと決め、そのイメージと実力を実装した人としてそこに立つ。その持って行き方、作り込み方はさすがです。

これもある意味、安室ｉｓｍだと思うんです。

話は変わりますが、石原さとみさんという女優がいます。彼女は、話題になった『シン・ゴジラ』という映画で、カヨコ・アン・パタースンという日系3世の米国大統領特使の役を演じました。

この役、当然のことながら英語が堪能でないと間違いなく来ない役です。アメリカの要人役なのに英語の発音が不備だと、映画としても成立しませんから。

彼女は、英語がうまいと思う芸能人ランキングの「女性部門」で1位となったり、英会話教室イーオンのCMにも出演したりしています。

他にも、『リッチマン、プアウーマン in ニューヨーク』で初めて英語を披露し、「可愛いだけじゃなくて英語もうまい！」と注目を集めました。

フジテレビの月9ドラマ『5→9』では主人公の英語教師役を演じました。

英語を話す力が、役柄までをも広げていったわけですね。


まさにセルフプロデュースです。


さらにもうひとり。

米倉涼子さんという女優がいます。もはや大女優で、大人気シリーズも持っていますね。

その米倉さんはブロードウェイのミュージカルに憧れ、どうしてもその舞台を踏みたかった。ブロードウェイで鑑賞したのがきっかけで、日本版をやるという話を聞くや否や、自分から売り込んでいって、２００８年『ＣＨＩＣＡＧＯ』の日本版でミュージカルに初挑戦、主役の座を手に入れました。

歌を披露した経験が無いのに努力を続け、２０１０年に再演もしました。

２０１１年にはアメリカへ短期留学し、３ヶ月間ジャズダンスやバレエのレッスンを受けました。そして2012年7月に『CHICAGO』ブロードウェイ公演で主演デビューを果たしました。これはとてもすごいことなんです。

たかが英語、されど英語。

その力を持つだけで、人は人生さえも変えてしまう。

ミリーの努力、〝自分をこう持って行きたい！〟〝自分をこう見せたい！〟という、そのための的を射た行動。

このプロデュース力が、これからもミリーを大きくしていくでしょうし、それがある以上、間違った方向に進むことも無いと思うんです。

自分を〝なりたい自分〟にプロデュースする。

声をかけて欲しい人から声がかかるように仕立てていく。

そうした、**愚直な努力が、人にチャンスというご褒美をくれる**のだと思うんです。

19

ありきたりな肩書きを捨てた瞬間に、人生の天職が舞い降りた。

実になるマナー講師：原田正美さん

私の優秀な教え子のひとりに、原田正美さんという女性がいます。

いわゆる、マナー講師ですが、ちょっと、いや、かなり変わっています。

経歴を見てみると……。


日本銀行鳥居坂分館にて、総裁はじめ、各界のＶＩＰの接客を担当する。

一流の気遣い、立ち居振る舞いを目の当たりにして、おもてなしの精神と接客力を身につける。

実家は55年続く小売店を営み、接客に関心を持つ一方、人見知りの性格から、職場の人間関係では、苦労と失敗を数多く味わう。

その経験から「くすぶった自分の殻を破りたい」「コミュニケーション力を高めないと、力は発揮できない」と痛感し、マナー、コミュニケーションの基本、心理学、話し方、印象力を高めるスキルなどを習得。

苦手な話し方も克服し、新たな可能性にチャレンジしたいと、3年後ブライダル業界に転身し婚礼司会者として数多くの新郎新婦をサポート。〝新郎新婦の想いを形〟にすることをモットーに、目配り・気配り・瞬時の対応力を身につける。

これまでの全ての経験を活かし、2007年より大手企業、官公庁、銀行、病院、大学にてビジネスマナー・コミュニケーション研修、接客向上研修を中心に、7500名以上に向けて登壇実績がある。

とあります。

ですが、これだけでは、正直、他のマナー講師と、それほどの違いは感じられませんよね？

そして、私と彼女はやりとりや意見交換を重ね、〝売り物〟を作りました。

それが、〝実になるマナー〟という考え方です。

彼女のこだわりは、次の2つ。

・一度身についたらリバウンドしない接客力を身につけさせること

・「売上アップ」「クレームの減少」「現場の活気」という目に見える結果を出すこと

それを可能にするのが「実になる」研修シリーズです。社員の身になる、会社の実績につながる、実りある研修。つまり、「現場研修」にこだわり「体験・体感型研修」を軸に「接客マナー力」を鍛えるというわけです。

また、ホームページには、次のような記載があります。

＊　＊　＊

体得できるまで何度もトレーニングをし、「なぜ」を問うて深掘りしていくのが特徴です。

その関わりの中で、折れない心を醸成し、やる気を引き出していきます。

ＤＶＤではなく、書籍でもなく、人と人とがふれあい関わる意味。現場研修だからこそできること、見逃さないフィードバック、密なフォローを大切にしております。

外から与えられた一過性のテンションや、モチベーションではなく、「腑に落ちて、腹に落ちた」からできる、「理解と気づき」が、「やる気」と「行動」に変わります。

その行動変容が「自信」になり、「価値を生み出す人材」に成長します。


「実になる」接客マナー研修のコンセプトは次のようなものです。


「笑顔の作り方」は教えません！

「お辞儀の角度」は教えません！

「馬鹿丁寧な言い回し」は教えません！

もちろん「売り込みの仕方」は教えません！

では何を教えるのか？　マナー以前の考え方をお伝えしています。

形式ではなく、本当に大事なこととは何かを教えます。

マナーに「チカラ」をプラスして「マナー力」にするのが、〝実になる〟接客マナー研修です。

＊＊＊

マナー講師に限らず、講師と名がつけば、普通は〝教える〟ものです。

教えることこそが、講師の本分です。

でも、正美さんは、**あえて〝教えません〟という逆説的な表現を使っています。**

これは彼女の講師論の中核を成すもので、「教わるだけ」というつもりで講習・研修を受けても、他力本願になってしまい、なかなか身につかないケースが多いのです。

仮に、身につけたつもりでも、一夜明ければ忘れてしまうことが多い。

「そこを変えていきたい」という願いから生まれてきたものです。

安直に教えない。

自分のスタイルを理解してもらい、それを理解してもらった上で学んでもらうと、身につきやすい。そこを徹底しています。

この揺るぎない軸こそが、安室・ｉｓｍ。

まさにセルフプロデュース力そのものです。

マナーとは、型を学ぶものだと考える人は多いでしょう。

しかし、表面的な形だけを整えても、その行動が内的な動機によるものでなければ、自律型の人材は育ちません。

正美さんは、これまで８０００人以上にビジネスマナーやコミュニケーションの研修を行ってきましたが、「きれいな所作を教えるよりも、働く喜びを知る人を増やしたいという思いで取り組んでいます」と語ります。

「その人の魅力を発揮してもらうための基礎を作り、持ち味を引き出すことができれば、一人一人が生き生きと働くことができ、結果的に製品やサービスの良さが伝わり、組織の実績につながるのです」

しかし、そう言い切る原田さんも、もともとは人見知りで、笑顔や接客には自信が無く悩んでいたひとりだったと言います。

地道な努力と、現場力を駆使した発信力で、独特のコーチ像を作ってきた原田さん。これからも業界で、キラリと光る存在であり続けることでしょう。

彼女の人気の秘訣は、他と違って見せる、こうした細かなこだわりの結果だと思います。

20

明快に自らの志向と
得意領域を伝えることは
最強の危機管理である。

ライティングオフィス「株式会社サイエンスデザイン」代表・林愛子さん

林愛子さんという、とても優秀なライターがいます。

実に聡明で、極めて論理的な思考をする人。

実は私の著書にも、時々ライティングで力を貸してくれています。

私が勝手に話したことを、まるで自分で書いたかのように表現してくれる。

恐山のイタコのように、見事に再現してくれます。


先ほど、論理的と書きました。

彼女の経歴を覗いてみましょう。


新潟県生まれ。

東京理科大学理学部卒、事業構想大学院大学修了（事業構想修士）。

テレビゲーム流通情報誌の記者を経てフリーランスとして独立。

先進サイエンス領域の取材・原稿執筆を中心に、大学や企業のコミュニケーション媒体の企画やプロデュースなどにも携わる。

2006年の日経BP社『ECO JAPAN』の立ち上げ以降、環境問題およびエコカー分野にも活躍の幅を広げる。
２０１７年より株式会社サイエンスデザイン代表。

分かりました？

そう、彼女は東京理科大の出身、完璧なリケジョなんです。
ですから書く文章も、論理的なのは当たり前。実に分かりやすい、しっかりとまとまった文章を書ける人です。

ここで、少し考えてみましょう。理系の女性ライターって、結構、いますよね？
少なくとも林さんはそうそう珍しい存在でもないはずです。
ですが彼女は超売れっ子です。いつも複数の仕事を抱えて、頑張っています。
さて、彼女の最近の興味は何か？
それは、経歴のところにも少し出てきた通り、エコカーです。
事実、彼女は海外のモーターショーや車関連のイベントにも積極的に出向き、取材をしています。フェイスブックに投稿される記事を見ても、車関連の記事、自動運転に関する記事、ＡＩに関する記事など、いかにもリケジョが好みそうな記事が並んでいます。


それから、彼女の会社です。

株式会社サイエンスデザインという社名。

「科学をデザインする！」と宣言しているのですから、これまたいかにもリケジョ的。

いくら本人が理系でも、社名は普通に、〝〇〇事務所〟などにしてしまいがち。

でも、林さんはズバリ！　サイエンスという言葉を社名に用いています。

どこからどう見ても、理系の匂いが漂いますよね？


このセルフプロデュース力で、安室ｉｓｍを実現しています。


そうなると当たり前かもしれませんが、彼女の元には、理系チックなテーマのライティング依頼が多く舞い込みます。

私もいくつか話を聞きましたが、ま〜〜〜〜〜、お堅い（笑）。

ですが実はそれが彼女の戦略であり、作戦なんです。

発信すること、明快に言い切ることで、それを受け取った人からのレスポンスが来ます。

逆に言えば、受け取らない人からのレスポンスは来ない。

ですからレスポンスは、林さんにとっては、〝理解者〟からの反応。

林さんらしさをしっかりと理解してくれている人からの反応です。

つまり、踏み絵が済んでいる状態。だから狂いが無いんです。

だって、社名にまで理系を見せておけば、よほどのことがない限り、理系関連の依頼しか来ません。そのテーマ、彼女にとっては自分の庭。

要は得意な領域の仕事ですから、もちろん腕は振るい放題。

結果、良い仕事につながります。

そして、そうした依頼をしてくるお相手は、多くの場合、同じようなフィールドにいる場合が多い。ですから、林さんにとってはリピーターになる確率はとても高いのです。

これ、要は営業をしなくて良いということになりますよね。

私もライターさんとのお付き合いはそれなりにあります。

その多くを見ていて強く感じるのは、〝自分をしっかりと伝えていない〟ということ。得意な部分を明確にせずに、単に〝ライター〟としか名刺に書かれていないので、正直、何にも分からないんです。

ですから相手の受け取り方が曖昧であったり、得意でもない仕事が舞い込んだりする。「お仕事ください！　何でもやります！」的な営業をしていたらなおさらです。

つまり、自分で自分の首を絞めているんです。

ですが、林さんのように、明快に自らの志向と得意領域を語っておけば、よほどのことがない限り、そうしたズレは起こりません。

ハッキリ伝えるというのは、実は危機管理であり、リスクヘッジです。

第8章

安室奈美恵は「いさぎよい」

あの「紅白」をも断った安室の覚悟とは

その人の人生をゆがませる最大の要因とは？

そう尋ねられたら私は、躊躇なく「執着です」と答えます。

昨今、世を賑わす、いささか気持ちの悪い事件の多くは、この〝執着〟に起因するものがほとんどだと思うんですが、いかがでしょうか？

その点、「安室奈美恵はいさぎよい」。

心からそう思います。

前にも書きましたが、彼女は引退に関して、こう語っています。

「少しでも、まだ歌いたいという気持ちが残っていたら、引退という発表はしなかった。1ミリでもそういう気持ちが残らないように、5年かけて整理した」

彼女が出した声明文にはこう書かれています。

「今日は、私が長年心に思い、この25周年という節目の年に決意した事を書きたいと思います。『わたくし安室奈美恵は、2018年9月16日をもって引退することを決意致しましたので、この場を借りてファンの皆様にご報告させていただきます。』引退までのこの1年アルバムやコンサート、最後にできる限りの事を精一杯し、有意義な1年にしていきたいと思ってます」

いさぎよい人が少なくなっている気がします。

少なくとも私はそう感じます。

〝やめるやめる詐欺〟ではないですが、軽いノリで前言撤回することも、平気な時代なのではないでしょうか？

だからこそ、だからこそです。

安室奈美恵のいさぎよさが目立つのです。

もちろん、本音の部分では、多少の悔いはあるのかもしれませんし、想いに引きずられているのかもしれません。

ですが、**それを振り切って、スパッと身を引く。**

周囲にそうでない人が多すぎるため、対比的に安室奈美恵のいさぎよさが、余計、際立つのでしょう。

山口百恵さんもそうでしたが、そのいさぎよさこそが、余韻を作り伝説を生みます。ずっと人々の記憶に残ります。

「今の地位を何としても守ろう」
「今の安定した立場を失いたくない」

そうした、みっともない大人が多い中、このいさぎよさは特筆ものです。

この第8章では、そのいさぎよさを持って、世の中に深く受け入れられている女性を通して、私達のあるべき姿を模索してみたいと思います。

21

できないことを無理してやるよりも、分かり合える相手と「できることだけをやる」ことが「最高の幸せ」だということに気づいた。

コピーライター兼社外片腕：前田めぐるさん

もう10年以上にわたり、私が仲よくさせていただいている京都の女性がいます。名前を前田めぐるさんといいます。

彼女をめぐるエピソードには事欠きませんが、私にとってもっとも鮮烈だったのは、彼女が独立し、お子さんができた時のこと。

めぐるさんが当時のクライアントに対して発した言葉は、**「私にフットワークを期待しないでください！」**でした。

このいさぎよさは、特筆ものです。

めぐるさんはコピーライターであり、販促企画の専門家。つまり、クライアントがあって、そこからの依頼で、コピーを書いたり、販促のアイディアを出したりします。

一般に女性が会社を辞めて起業するきっかけは結婚・出産が多いとされていますし、

それは事実でしょう。

女性の場合、どうしても子供ができたことを隠したがる人も多いようです。

どうしてなのか？

それは、子供がいるということをクライアントに知られると、仕事を受注するのに不利になる、仕事を頼まれにくくなるという不安があるからです。


つまり、子供がいると色んな意味で不規則・不安定になり、当てになりにくいと思われる。だから子供はいないことにして、仕事を続けようという心理メカニズムが働くわけです。


ですが考えてもみてください。隠し通すことなんて、所詮できませんよね？

仮に一時的には大丈夫であったとしても、子供はいつどうなるか分かりません。

突然の病気なんて日常茶飯事。何がいつ起こるかなんて分かりっこないんです。

ですからそこを隠して無理を重ねても、負担と嘘を積み重ね続けることになります。

そうして結局は、大事《おおごと》になる。そんなケースはざらです。

しかし、めぐるさんはそうしませんでした。

会社を辞め、家庭に入り、お子さんができた時、当時、お付き合いのあったクライアントに対し、「私にフットワークを期待しないでください！」という言葉をハッキリと伝えたそうです。

もちろん、クライアントの中には、「だったら仕事は頼めない」という方もいたと言います。**しかし、実際には「あなたの気持ちはよく分かった。だったらスケジュールに余裕のある仕事をじっくりとやって欲しい」と、それまで以上に良好な関係を築くことになったクライアントの方が多かったと結論付けています。**

それから時は流れ、めぐるさんにも介護と向き合わなければいけない時がやってきます。

お父様が亡くなり、残されたお母様の介護が始まります。

九州からお母様を京都に呼び、日々の暮らしが始まります。

当然ながら大変だったと思います。
でも、めぐるさんはここでも、素直な自分発信をします。

「育児・介護と仕事・フリーランスを両立するための個力の高め方」というテーマで、日々ブログなどを使って今の状況、思いや気持ちを書き続けるんです。

これまた普通に考えるとなかなかできないことです。だって周囲から見たら、「なんか大変そうだな。仕事頼めそうにもないな」という風に見えますからね。
大変そうだから、邪魔しちゃったら悪いなと思う気持ちも芽生えるでしょう。

でも、めぐるさんはやめない。

どんなにしんどくても一切の泣き言を言わず、淡々と受け入れ、できることをやる。
そのひたむきな姿勢は圧倒的に読者の心を打ちます。打ち続けます。
そして、結局、介護と仕事を両立させるエキスパートとして完全に定着します。

これ、凄まじい胆力だと思います。

いさぎよさが安室奈美恵の〝らしさ〟のひとつだとしたら、明らかに安室ｉｓｍです。

めぐるさんの宣言と、安室奈美恵の引退宣言とが、完全にオーバーラップするのです。

めぐるさんは本の著者でもあります。

発想法の本から始まり、ソーシャルメディアにおける文章術、はたまた起業の本まで、都合４冊の本を出しています。

この本がまたどれも面白い。

ノウハウではなく（もちろんノウハウも入っていますが）ある意味、前田めぐるの生き方の本です。

要は、ひとりの人間として、女性として、母として、絶対に前田めぐるにしか書けない本になってるのです。

めぐるさんはいつも、自分を正直に見せながら生きてきました。会ってみると分かりますが、まさに〝はんなり〟という言葉がぴったりの方。どこにこんな芯の強さが隠されているのか？　と驚くくらいです。

ですが、前田めぐるは強い。

京都・長岡京の寂照院に育つ孟宗竹のようなしなりを持った、強靭な人です。

その発言、発信にはいつも〝彼女自身〟が見事に色濃く投影されています。

心を飾らないのです。

その生き方、発し方がまさに彼女そのものです。

それこそが、安室ｉｓｍでしょう。

だからこそ、めぐるさんには熱烈なファンがたくさんいます。

彼女自身は派手なパフォーマンスを嫌いますが、彼女が本を出版すると、必ず誰かが音頭を取って、出版記念イベントやパーティ、あるいはキャンペーンなどをやります。

みんな、彼女を応援したいのです。

「飾らず隠さず」

素直に自分を出していくと、必ず誰かがその姿を見ています。

見えない場所から見ています。そして何かの時に応援してくれる。

自分を見せるということは、本音の深い部分でつながるということ。


あなたも勇気を持って正直に自分を見せてみてはいかがでしょうか？


できることを伝えるのは簡単ですが、逆に、できないことを伝えるのは怖いものです。

それによって仕事が来なくなる、お客さんが離れていくという恐怖に苛まれるからです。


でも、大丈夫。

できないことを明言すると、エッジが立ち、輪郭がシャープに見えてくるのです。

クッキリと見えてくれれば、相手はあなたのことを見つけやすい。出会いの確率が高くなります。だからこそ、ハッキリ言う。マイナス面は考えずに先ずはハッキリと打ち出す。

これができれば、見込み客の方からあなたを見つけて近づいてきてくれます。

22

仲よくなるために、〝脱いで〟みた。
「奇をてらう」ではなく
「いさぎよくあれ」。

フォトグラファー：ヨシダナギさん

「仲よくなるために、〝脱いで〟みた」

いやいや、この人、すごいな〜と思います。

ヨシダナギさんという女性写真家がいます。

1986年7月6日生まれ、東京都出身。

主にアフリカなどの奥地に暮らす部族を取材対象とし、彼らのライフスタイルを、自ら撮影した写真を通して世界に伝えています。独学で写真を学び、2009年に単身でアフリカへ。最近は、裸族の村に自ら赴き、地元の人達とお互い裸で語り合い、一緒に写真に収まっています。

その彼女を象徴するのが、タイトルの「仲よくなるために、〝脱いで〟みた」というフレーズ。彼女は今、もっとも旬な写真家として、メディアで引っ張りだこです。

ヨシダナギさんは東京で生まれ育ちました。

幼い頃から、髪型や姿など、自然の美に溢れ自由なアフリカ人に、ものすごく憧れていたようです。

「大きくなれば、自分もアフリカ人のようになれる！」

そう信じていたらしいですが、もちろんそうはならず。10歳の頃、両親から「お前は日本人だ！」と現実を突きつけられ、ショックの挙句挫折（笑）。

それから紆余曲折あって、目指していたイラストレーターもあきらめ、発展途上国を転々と旅します。

23歳で、幼い頃の憧れに導かれるように、アフリカへ向かいます。

フォトグラファー・ヨシダナギとしての日々がそこからスタートします。

ヨシダナギさんの撮影法は、あっと驚く「裸」です。

なぜ？　どうして裸で？

それは、現地の人々と心の距離を縮めたいからだと言います。

フォトグラファー、写真家が、どうして裸で撮影するのか？

エッセイを拝見しても、現地の人と同じ衣装を身に着け、実に楽しみながら撮影していますす。自分が裸で、現地の人との距離がぐっと縮まっていますから、現地の子供たちからも触られ放題（笑）。

胸、触られっぱなしだったりします。

おじさんからは、モミモミされてます。

でもナギさんはずっと笑顔。何よりその様子が全然嫌らしくないんです。いさぎよさの極致！　女性なのに男前！　アッケラカン100％！

見事です。

このアッケラカンとした感じこそが、彼女の最大の魅力だと思います。

自分自身が突き抜けちゃってるから、怪しい感じ、エロい感じにはまったくならない。

これ、本当に素敵です。

何度も言いますが、このいさぎよさこそが彼女の最大の売り物。

スパッと決断するから気持ちよい。ここにも安室奈美恵との共通項を感じますし、こ

れぞ安室ｉｓｍの形だと思うのです。

もしも彼女が、裸で撮影することに、多少なりとも躊躇や逡巡があったとしたらどうでしょうか？

もちろんあの作品は撮れていないし、撮影自体ができなかった可能性が大きいですよね？

彼女はこう語ります。

「子供の頃にテレビでマサイ族を見た時、『この人達と仲よくなるには、同じ格好をすれば受け入れてくれるだろう』という根拠のない自信がなぜかありました。２０１２年カメルーンのコマ族に会った時、『この人達と同じ格好をしたい』とガイドに伝えてみたんです。最初はかなり驚かれましたが、押し切って脱ぎました。すると、それまですごく嫌な顔をしていた彼らが笑って踊り始めたんですよ。自信は確信となり、脱げばどの民族でもイケるんじゃないかと思って他の地域でも試し始めたんです」

「同じ格好をすれば受け入れてもらえる」と感じるだけなら誰にでもあるかもしれません。

でも、実際にそれをやってしまうというのはそうそうできることではないでしょう。

彼女が初めてアフリカに渡ったのは2009年。

最初はエジプトに2週間、それからエチオピアに2週間滞在。

エチオピアを選んだのは、ひとりでもたくさんの少数民族に会いたいと思ったから。

それまで海外に行ったことが無かったお父さんには、かなり反対されたそうです。それはそうでしょうね（笑）。

2度目以降は、内緒で旅に出たそうです。

現地の人達は、服を着る文化と着ない文化をちゃんと理解しています。

服を着ないことは彼らの正装。ですから「着ることを自分達に押し付けないで欲しい」と思っています。

ナギさんが脱ぐことに対しては、「羞恥心があるのに脱いだ」ととらえてくれ、「自分達の文化をリスペクトしてくれた」と伝わったようです。

ただ、集落では、裸で歩かせてくれますが、近所の町まで買い物に行こうとすると、すぐ彼女の胸を隠すのだそうです。「絶対に危ないから！」と言われます。

それはナギさん自身、本来、人前では脱がない民族で、脱ぎ慣れていない彼女が脱ぐのは、嫌らしい印象になりかねない、ということらしいです。

「私達の前では裸でも良いけど、他では絶対にダメだよ」と、いくつかの部族の人から言われたそうです。

ナギさん、「脱ぎたいのに脱がせてくれな～い」と地団駄を踏んでいます（笑）。

最初は、撮影というより、ただ彼らに会いたいというだけで、現地へと向かいました。

それまでずっと周囲の人には、アフリカやアフリカ人が好きなことを不思議に思われていました。「どうして飢餓とか内戦で苦しんだり、エイズウイルスの心配もあったりするアフリカが好きなのか？　わざわざ行こうとするのか？」と何度も訊かれました。

でも**「私の大好きなアフリカはそれだけではないはず。笑顔の人達が絶対いるはず！」**と思い、それを確かめたくて旅に出ました。

事実、素敵な人は大勢いたし、その証としてその笑顔を撮ることを始めました。

写真を本格的に始めたのは、ここ数年のこと。元来、趣味でアフリカ人を撮影していただけで、写真家になりたいとは思っていませんでした。

しかし、ひょんなことから話題を呼び、その撮影法＝裸、の強烈な印象も相まって、一気にブレイクしました。

「奇をてらうのではなく、いさぎよくあれ！」

ナギさんの、すっぱりと判断し、前に向かう姿は、私達に〃いさぎよいこと〃の強さと力を教えてくれます。安室奈美恵と同じ匂いを感じるんです。

「アフリカ人から写真家という仕事をプレゼントされたのかも？」と語るナギさん。

これからも良い意味で、いさぎよい話題を提供してくれることでしょう。

おわりに

安室奈美恵をスーパースターにした、８つの生き様。
私なりに追いかけてみました。

①安室奈美恵は「波瀾万丈」である
②安室奈美恵は「現場主義」である
③安室奈美恵は「ストイック」である
④安室奈美恵は「曝け出さない」
⑤安室奈美恵は「同性に支持」される
⑥安室奈美恵は「母」である
⑦安室奈美恵は「セルフプロデュースの達人」である
⑧安室奈美恵は「いさぎよい」

いかがでしたか？


確かに安室奈美恵はすごい。

それは掛け値無しの真実です。

しかし、安室奈美恵は、最初から「安室奈美恵」であったわけではありません。


自分という〝芯〟に、いくつもの鎧を重ね纏いながら、安室奈美恵という唯一無二の〝存在〟へと昇華してきました。

いくつもの壁や、ハードルを乗り越え、常に新しい地平を切り拓き続けてきました。

「できるんだよ」ということを証明し続けてきました。


そしてこれは、実は〝明日のあなた〟にも起こり得ること。

というか、ぜひそれを起こして欲しい。

切にそう願います。

本書を通して、その可能性を実感していただけるととても嬉しいです。

ページ数の関係上、掲載することができなかった「安室奈美恵9番目の生き様：群れない生き方」と「安室奈美恵名言集」を期間限定で無料にてお届けしております。興味のある方は次のURLにアクセスしていただければ幸いです。

https://amuro-nakayama.com/gift

もちろん、これが安室奈美恵のすべてではないし、「それは違うだろ！」と感じられる部分もあるでしょう。


ですが、本書はビジネス書であり、実用書であり、自己啓発書です。

あなたのビジネスマインドを動かすつもりで書きました。

あなたに、安室奈美恵という類まれな才能の一端を、注入するつもりで書きました。

あなたのビジネス、いささか大げさに言えばあなたの人生を、グン！　という加速音と共に前に進めて欲しい。

そう願って書きました。

安室奈美恵はもうすぐ彼女の立つステージを降ります。

ですが、彼女の残してくれた強烈な痕跡、強大なエネルギーはこれからも私達に刺激を与え続けてくれるでしょう。

その光をいつも意識しながら、これからも生きて欲しいのです。


さようなら。

そして、ありがとう。

安室奈美恵に感謝！

２０１８年　８月

中山マコト

【著者略歴】

中山マコト（なかやま・まこと）

ビジネス作家兼フリーランス成功実現アドバイザー。
言葉のチカラ研究者兼コピープランナー。

言葉のチカラを駆使し、ライティングサポート、起業サポート、集客サポート、販売力増強サポートなどを次々と手がける。2001 年の独立起業以来、850 人以上の起業（うち女性が７割）を支援。中小企業、個人事業主の“独自化ブランディング”に絶大な手腕を発揮し、言葉の力を駆使した集客の仕組み作りに定評がある。

著書に『「バカ売れ」キャッチコピーが面白いほど書ける本』(KADOKAWA)、『「バカウケ」キャッチフレーズで、仕事が 10 倍うまくいく』（学習研究社）、『フリーで働く！と決めたら読む本』（日本経済新聞出版社）、『自力で自立するマイスタイル起業』（パブラボ）、『そのまま使える「爆売れ」コピーの全技術』（かんき出版）、『９時を過ぎたらタクシーで帰ろう。』（きずな出版）、『遠ざけの法則』（プレジデント）など多数。

著者 HP：言葉のチカラを武器に走れ！　役立つノウハウ、テクニック満載！
https://www.makoto-nakayama.com/

なぜ安室奈美恵《あむろなみえ》はスーパースターなのか？

2018年9月3日　初版発行

著　者——中山マコト

発行者——森山鉄好

発行所——冬至書房
〒113-0033　東京都文京区本郷 2-30-14
電話 03-3868-8500　FAX 03-3868-8510

印刷・製本——新日本印刷

ISBN978-4-88582-198-1 C0095　Printed in Japan